政治江湖

杜月笙的1931

尹 钛/著

国家行政学院出版社

图书在版编目（CIP）数据

政治江湖：杜月笙的1931/尹钛著．—北京：国家行政学院出版社，2012．6

ISBN 978-7-5150-0364-1

Ⅰ．①政… Ⅱ．①尹… Ⅲ．①杜月笙（1888～1951）—生平事迹 Ⅳ．①K828.9

中国版本图书馆CIP数据核字（2012）第121086号

书　　名	政治江湖：杜月笙的1931
作　　者	尹　钛
责任编辑	李少军　陈　平
出版发行	国家行政学院出版社 （北京市海淀区长春桥路6号　100089）
电　　话	(010)68920640　68929037
编 辑 部	(010)68928745
经　　销	新华书店
印　　刷	北京中印联印务有限公司
版　　次	2013年1月北京第1版
印　　次	2013年1月北京第1次印刷
开　　本	787毫米×1092毫米　1/16
印　　张	16
字　　数	167千字
书　　号	ISBN 978-7-5150-0364-1/K•017
定　　价	36.00元

画鬼容易画人难

——给尹钛的序

张鸣

写史，最难的是写人。历史是人折腾出来的，说史，即使是单纯的大事记，也免不了有人在里面，不能把人和事剥离开。但是，现在做历史的，往往见事不见人，写来写去，干巴巴的，就那么点事儿，里面当然有人，但是人都“事儿”化了，没血没肉没性情。说实在的，不是写史的人不想写人，一边是多年的积习难改，一边是写人也的确有难度。俗话说，画鬼容易画人难，难就难在人是现实中存在的，有些人，还是另外一些人熟悉的。写史不同写小说，可以乱加虚构，写得不好，也许连人都不像了，更何况真实存在过的张三李四？

历史上的张三李四难写，写名头响的大人物则更难乎其难。说的人多，写的人也多，但写好了，写活了很难。其中，袁世凯和杜月笙两位，要算是难中之难。

袁世凯是个著名的白鼻子人物，从民国起，凡是有关袁世凯的叙述，除了他自己人的《容庵弟子记》之外，基本上都是负面评价。袁世凯的脸谱，从北洋时期就给人画花了，近似小丑或者二丑，到了国民党主政，就基本上定型在白鼻子上面了，成了京剧中的王莽、曹操之流亚。此后，更是每况愈下，写传者，不在袁世凯三个字前冠以“窃国大盗”四个字，基本上是不能开印的。直到近年，才稍微好了一点。相形之下，杜月笙的命要稍好一点。在北洋时期，杜老板食客不止三千，比当年的孟尝君和信陵君还风光，捧他的文人多，连眼高于顶的章太炎，都出来拍杜老板的马屁，把一个浦东不知什么来历的小混混，捧成杜周和杜预的后人，再上，一直推到尧舜。国民党时期，由于主政者有意遮掩当年自己的青帮痕迹，有意疏离，杜月笙风光不再。但文人墨客，落井下石者也不多。也只是到了 1949 年之后，纸上的杜月笙才真的变得穷凶极恶，文人们仿佛才悟到，原来这是一个五毒俱全的帮会头子！于是，左一个流氓大亨，右一个流氓大亨的文字问世了。

中共主政中国，自 1949 年开始，而在中共主政之前，史学界的主流，就已经是马克思主义唯物史观在当家了。这种史观，评价人物有两个尺度，一是进步史观，二是阶级分野。在前者，只要推动历史进步的人，都是正面的，而历史，即使在形式上，也只能前进不能倒退，谁开倒车，注定要被钉死在耻辱柱上。在后者，则是讲究人物的阶级属性，如果出身不好，向先进阶级靠拢也可以。在这样的历史观主导下，我们这两位，袁世凯和杜月笙，究竟在史家或者文人的笔下能有何等命运，不问可知。当然，眼下的境况已经好转，人们写史的禁忌少了些，也有些人出来给过去的反面人物抱打不平，说几句好话。但骨子里，进步史观的阴影还在，人们还是脱不出好坏善恶的二元分际。无非是过去说坏，现在说好，翻烙饼，标准还是那些货色。更要命的是，跟整个学界的浮躁类似，现在的写史者，写来写去，好像都是为了市场，大家都是写手，一种市场化流水线上的写手。除了极个别学者之外，很少有人去发掘史料，钩稽隐事。只消文字绚烂，有噱头，不愁没有销路。

尹钛写这两个人物，在我的印象里，已经有好些年了。首次完稿，记得是在 2007 年，当时，一些出版人看了以后，就轰然叫好，给了这个没有什么名气的作者最高的版税，甚至，我的序都已经写好了。但是，尹钛却始终不肯出版，总觉得还要加工修改，打磨再打磨，一拖就拖到了今天。我原来写的序已经怎么都找不到了，只好重写一篇。不过，这两本书磨到今天，的确跟当年不一样了。里面不仅有更多不为人知的细节，而且文笔更加好看，好玩，完全没有了他这个年龄比较有学问的学者那种掉书袋的感觉，很大气，绝少斧凿的痕迹。任何一个层次的人，只要喜欢历史，多半会捧起放不下。这两本书，不客气地说，是当今写人的佳品，至少，在我有限的阅读中，还没看到过比它们更好的著作。

尹钛是我的学生，一个相识很久的朋友。认识他的时候，他已经是个书虫了，每日蓬头垢面，就知道读书。他还在本科的时候，给他们班上的第一门课，我给了他 120 分。此后，一直到博士毕业，其实我没教给过他什么东西。我跟他之间，其实就是资深的朋友，书友。我真的不明白，他小小年纪，腹笥怎的会如此之宽，肚里的货这么多，而且倒出来的时候，竟然如此灿烂有光。

以上的文字，有吹捧自己学生之嫌，在某些学人，吹自己的学生，就是吹自己。但是，平心而论，我真无此意，即使说了好听的，不过是真心话而已。是好是坏，读者诸君自己判断，建议在买之前，先看上一段，如果真的像我说的那样，你再掏钱。

2012 年 12 月 1 日，于京北清林苑

目录 contents

楔子

上海传奇

上海，当然是一个传奇。

一个 1843 年开埠的荒滩，在不到一个世纪的时间里成了远东最大的城市。现在，它的传奇仍在不停演绎。揣想曾经的上海，浦东这个陌生的荒滩，似乎是在一夜间，就崛起为熔金之地，销金之窟，夜空中显影的五颜六色的聚光灯，光柱中矗立的金茂大厦和东方明珠塔，金碧辉煌。这是你不得不惊叹的上海。

这是一个平面化的艳俗上海。耀眼辉煌的灯光，掩盖了无数旧上海的浪漫，匆匆奔忙的脚步，踩碎了凌乱泛黄的记忆。有人说，上海在分裂，

"分裂成一个古典的上海和现代的上海，分裂成一个虚幻的上海和一个真实的上海"。虚幻的上海沉浸在黄浦江波光粼粼的碎影流年里，波光倒影映出的是似幻似真的月份牌美人，人潮汹涌的"大世界"，万方杂处的"黄金大舞台"，结实阴凉的石库门房子，欧陆风情的古典建筑，和好莱坞同步上映的影片，一张张白金唱片，一桩桩绮色流言，伴奏着黄浦江上日夜不息的嘶鸣汽笛，人声鼎沸的交易所里，交易员声嘶力竭，汗流满面，高墙掩映的树影中，丝绸扣短打扮的"白相人"，抽着强盗牌香烟，烟头明灭，翕张着江湖气息，黑暗中不时响起的清脆枪声，和奔逃的身影，伴奏着霓虹翠绿的舞厅里，狂醉的红牌舞女将晶莹的高脚酒杯打碎一地……

"迪昔辰光格上海啊！"老辈的上海人，远隔了时间和空间的距离，在他们人生的回味里，总有那么一句意味深长的感喟。那拉长的声调似乎有着绵软的粘力，将旧上海的珠光宝气与繁华胜景，软红十丈与郎情妾意，一一拉到你的眼前，让你的回忆，哗哗地流淌。而真实的上海，是一个初上 T 台的生硬 model，有点生疏地再度摆弄着挑逗的身姿，吸引着台下的淘金客。上海，仿佛是几段截然不同的故事拼接起来的蒙太奇。

常说的是"老北京"和"旧上海"。说起北京之"老"，是在恭维一位满面沧桑而仪态雍容的老人所具的宝相庄严，而谈到上海的"旧"，仿佛是在追想红颜老去的曼妙少女，或旧时情人，一种时光难再、往事难追的伤感自然浸润上心头。北京是雄性的城市，而上海，它的精致，它的优雅和细腻，使它更像是雌性的。现在它叫上海，以前，它叫上海滩。上海滩是旧的，而上海是新的。

也许有一天，你会来到上海，寻寻觅觅，会去寻觅沙逊洋行和先施百货的大楼，你会想着去看看哈同花园，看它的风貌是否依旧。你或许碰巧路过一间其貌不扬的旧公寓，却从未想过，那是当年张爱玲住过的常德公寓。静安寺的那一道霓虹招牌，留给你认路归来，你应该知道，这曾是百乐门大舞厅，在你的心头，多少年忘不掉的，是白先勇的《金大班的最后一夜》，和《永远的尹雪艳》，那些刹那芳华的烟花，不堪再剪。

你坐着的士在大街小巷穿行，司机会不经意地说起，这里是阮玲玉和胡蝶经常出没的地方，这里是日伪时期让人闻风丧胆的魔窟，极司菲尔路“七十六号”，这里是十六铺，杜月笙当年卖水果的地方，这是杜月笙靠过的墙，这是他走过的青石路……是的，杜月笙，这时候你会想起这个有点熟悉，又止不住陌生的名字。仿佛白露为霜的清朗月夜，你临着一汪古井，伸手打捞井底那一轮圆月，可触手却是一水荡漾的细碎金黄，打捞的不过是一捧氤氲的雾气，一掬朦胧的前尘影事，一段空荡荡似水流年。你缩手，它沉静依旧，依旧是一轮清亮圆润的黄金月。

这就是杜月笙。你也许看得清楚，也许看不明白，但他的故事，对你来说永远都可望不可即。

“你应当再来探望上海一次，但这也将是最后的一次。你来的时节或许就是 1936 年——上海末日的上一年。你或许是坐着一只英国轮船来的——一只很大很华丽的轮船，有着一个很美的名称：亚洲皇后号。快到上海时，你能看到海水已经变了黄色。二十个国籍的船只都好似被一种无形的吸力将它们一起吸引到这一条航路上来。”“上海滋长了，已一跃而为世界第五大都市了。它已是非常之伟大、非常之富裕、非常之动人，不过有些过于成熟的样子。”——这是 1940 年的文字，美国人霍塞的《出卖上海滩》。

“1931 年不仅是通常意义上的 30 年代的开端，也是史学家眼中的 30 年代 (1927–1937) 的巅峰，更是中国资产阶级的黄金时代，当人们回味那段历史时，倾心的不仅仅是逝去的繁华：洋房高耸，商店林立，货物山积，车水马龙，摩肩接踵，流光溢彩的都市风情，还有衣求华贵，食求精细，住求敞雅，行求快捷，乐求刺激尽兴的生活方式，当一个阶级消失以后，它所代表的生活方式因为无法再现而值得留恋，因为与现实生活遥相呼应而更值得陶醉。不过，值得提醒的是，1931 年还是‘九·一八’事变爆发、东北沦陷的年份。”一位当代学者这样惦记着旧上海的 1931 年。

1931 年的辰光中，有一件事旧上海的人不愿意忘记。这一年杜月笙家的祠堂开祠。无论哪一本上海编年史，都不会，也不敢遗漏这一件旧上海的风光盛事，因为，它太招摇，太奢靡，太盛大，也太奇特了。以前的旧上海和以后的新上海，再也没有这样的盛事。

如果你要怀念黄金时代的旧上海，就怀念1931年的杜祠盛典，如果你要探询旧上海的秘密，就追问1931年的杜月笙吧。因为，他那里收藏着所有旧上海的传奇。

▲1

图 1、2 为 19 世纪 80 到 90 年代的外滩。

1888 年，杜月笙出生于黄浦江东岸的高桥，此时的浦东还是一片未开发之地，与一江之隔的浦西形成强烈反差。特别是从苏州河与黄浦江汇合之处往南蜿蜒至洋泾浜的一段河岸，虽然尚未完全展示出她的面貌，但隐约之间，已有恢弘之气。到杜月笙赶过江来的时节，这一段江岸早已是驰誉中西的十里洋场了，杜月笙的一生，也将以这条黄金水岸为中轴线缓缓展开。

▼2

▲3

▲4

▲5

图 3 为清末修缮中的上海城墙。

图 4 为 1914 年完竣的中华路路面。

图 5 为如今修葺一新的大境阁段城墙。

人们所说的旧上海，多是指环绕于上海老县城东、北和西边的租界地带。真正的旧上海蜷缩在苏州河之南，黄浦江之西，外加遥在苏州河之北的闸北，而未来上海的成长，必将伴随着老县城的解体，和租界的扩张。其标志便是老县城城墙的拆毁。1912 年 1 月，拆墙启动，到 1914 年冬天，有 361 年历史的城墙被拆完。上海华界与租界连成一片，近代上海城市新格局成型。如今的中华路便是由城墙和城壕填没而成的。拆城过程中，有一小段被保留了下来，这就是古城墙大境阁段。

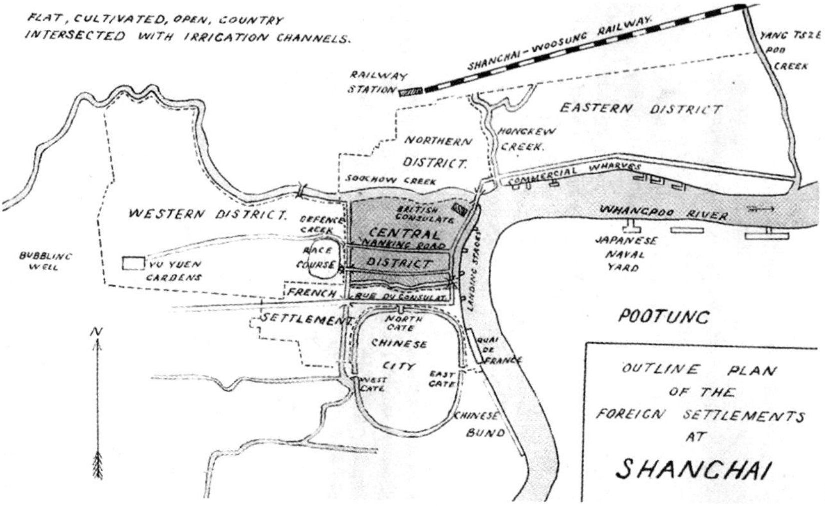

◀6

图 6 为 1907 年绘制的上海地图。

从图中可以看到，上海县城以北是法租界，法租界以北是公共租界中区，中区以西为西区，中区和北区之间是英租界，北区以东为东区，此时，租界面积已大大超过县城。在浦东生长，在十六铺、小东门混江湖的杜月笙，要想在上海滩有所图谋，则法租界是不可逾越的地带，而黄金荣、杜月笙都是在获得法租界势力支持的基础上成长为一代强人的。

▼7

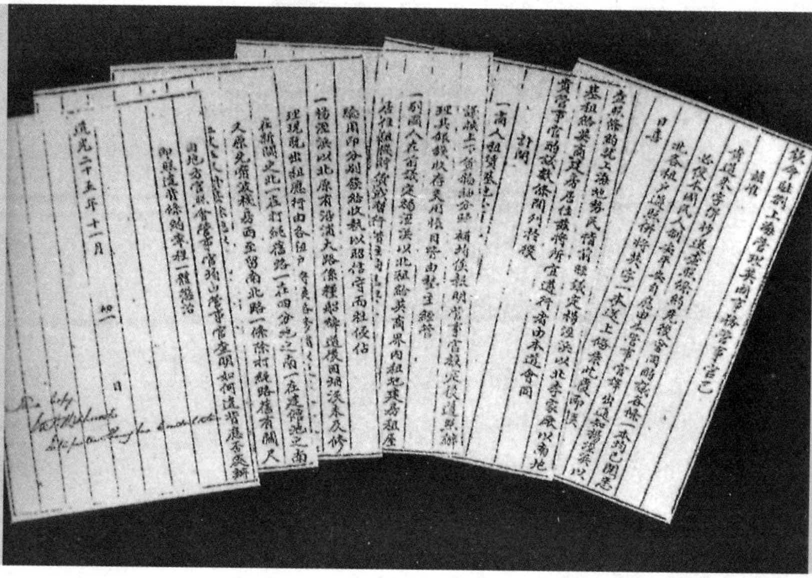

图 7 为巴富尔与上海道台宫慕久订立的《租地章程》。

1845 年，第一任英国驻上海领事巴富尔以《南京条约》《虎门条约》为据，与上海道台宫慕久协商订立章程，将洋泾浜（今延安东路）以北，李家庄（今北京东路）以南之地，租与英人使用，这是英国在中国的第一块租界。

◀8

图 8 为沙逊大厦内豪华宴会厅；图 9 为建造中的沙逊大厦工地。

1877 年，本在印度经营的英籍商人沙逊看中了上海，转战上海设立沙逊洋行分行。后来买下外滩 20 号美商琼记洋行的房地产（11 亩 7 分），1926 年拆除旧房，1929 年落成新楼，大楼成为外滩上的又一地标式建筑。这里的宴会厅将成为杜月笙、黄金荣、张啸林等觥筹交错，宏图大展的舞台。

▼9

◀10

◀11

▼12

图 10 为老上海的石库门；图 11 为上海早期的城市生活，大马路、旗袍、电车、宽檐帽，中西兼并的元素，无不展示着上海的风貌；图 12 为南京路上早期的红绿灯。

窄窄的石库门里，孕育着十里洋场的繁华，走出了杜月笙、走出了黄金荣，窄窄的石库门也支撑起他们作为上海无冕之王的荣耀。

▲13
逃难至上海的犹太人

14►

图 13 为抵达上海的犹太人；图 14 为犹太会堂历史照片。英国人来了，法国人来了，俄国人来了，日本人来了，美国人也来了，上海的包容度似乎是无限的，白俄的流亡者，被迫害的犹太人都选择了这里作为最后的落脚之处，上海，愈加有了东方巴黎的风韵。

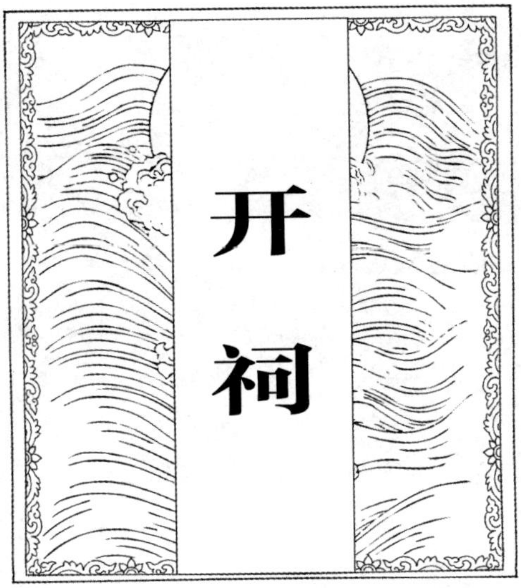

开祠

第一部

第一部

开祠

杜氏祠堂的开祠典礼，是旧上海最为盛大的一次狂欢，是杜月笙笼罩旧中国的惊人势力的全面检阅。说起旧上海的繁华，不提一下杜祠的典礼，那是画龙不点睛，画虎不添纹；解说上海滩的权力生态，不深描一番杜氏家祠的开祠盛况，那是蜻蜓点水，雾里看花。所以，千言万语先从 1931 年 6 月 9 日的杜氏祠堂开祠典礼说起。

杜氏祠堂从 1930 年初就开始动工兴建了，地点在杜月笙浦东高桥的家乡。看起来，也无非是白墙青瓦，高屋深院。五开间三进的院子，第二进为正厅，第三进则供奉着杜氏列宗的“神主”牌位。大门前雄踞两尊几达丈高的大石狮子，气势非凡。

“富贵不还乡，如衣锦夜行”。27 年前，15 岁的杜月笙在高桥无法立足，身无长物，只身出奔上海，他立下重誓，要功成名就，回高桥开祠堂，不然，永不回乡。杜月笙言出必践，现在是回来还这个愿。50 万银元，50 亩地，祠堂风风光光开在他当年挥泪而别的地方。

要让天下人都看到，杜月笙言出必践。没有人敢不买杜月笙的面子，就像唱一出戏，杜月笙准备登场了，跑龙套的就得先来翻筋斗。杜氏家祠落成典礼就是这样的舞台，为他牵马坠镫的人纷至沓来。大典筹备处包括总务主任虞洽卿（上海滩大买办、大富翁，多年担任上海商会会长），剧务主任张啸林（上海滩三大闻人之一，后长期任法租界华董），卫生主任王晓籁（继虞洽卿任上海商会会长）、庞京周（上海名医），招待主任袁履登（大买办和企业家，曾任上海公共租界华人纳税会副理事长、工部局华董，亦是上海闻人），秘书处杨度（清末民初的政治风云人物，筹安会六君子之一，曾为袁世凯的智囊）……

1. 杜月笙的请柬

谁都知道杜月笙是流氓出身，按旧上海的话来说，是个“青皮”，或者“白相人”。但是，他开祠堂的时候，那声势却是民国时任何“党国要人”的排场都难以望其项背的。

大典开始前一个月，杜月笙就已经向全中国各地的门徒、同门兄弟、朋友和全国各界名流分发请柬，请柬一发惊动朝野，各方的匾额、对联、贺词和礼品，川流不息专程送来，已经堆积如山。

“孝思不匮”

国民党委员长、国民政府主席蒋中正贺。

“好义家风”

陆海空军副总司令张学良贺。

“世德扬芬”

军政部长何应钦贺。

“慎终追远”

实业部长孔祥熙贺。

“干国栋家”

司法院长王宠惠贺。

“光前裕后”

警察总监吴铁城贺。

“敦仁尚德”

前大总统徐世昌贺。

“俎豆千秋”

前大总统曹锟贺。

“望出晋昌”

前临时执政段祺瑞贺。

“武威世承”

前北洋将军吴佩孚贺。

“武库遗灵”

国学大师章太炎贺。

“源远流长”

著名书法家、国民党元老于右任贺。

“慎终追远”

班禅额尔德尼贺。

“东方望族”

法国驻沪领事柯格霖贺。

“明德之后”

日本驻沪日军司令坂西利太郎贺。

……

杜月笙背着双手，一一欣赏着这些朱底金字闪烁生辉的匾额。他在想些什么？是在回想他在高桥时的那些不堪回首的流浪岁月？回想那赌得连裤子都被人剥掉的羞耻感觉？回想那种搜肠刮肚的饥饿感觉？在想他连面目都记忆不清的父母双亲？还是，他已经伤感得所有往事都不愿想起？是的，他应该伤感。为了今日这场盛宴，他付出了多少青春岁月？

“看看我们今朝的排场，象煞鲤鱼跳了龙门，化鱼为龙，身价百倍了。但是你要晓得，我跳龙门比你难得多了，你好比是条鲤鱼，修满了五百年的道行就可以跳，我是河浜里的一只泥鳅，先要修一千年才能化身为鲤，再修五百年才有跳龙门的资格。因此之故，我无论做任何事情，都是只可成功，不许失败的，比如说我们两个同时垮下来，你不过还你的鲤鱼之身，我呢，我却又要变回一条泥鳅喽。”已经安卧在华格臬路杜公馆的杜月笙，对一个朋友说着这些无边感慨的话。也许夜夜梦回，他都是夜半惊醒，不寒而栗。那些不堪回首的潦倒。

国学大师、古文大家章太炎洋洋千言的《高桥杜氏祠堂记》送来了。那文章一开头便说：

“杜之先出帝尧。夏时有刘累，及周封于杜，为杜伯。其子隰叔，违难于周，适晋而为范氏，范氏支子在秦者复为刘，以启汉家。故杜也、范也、刘也，皆同出也。杜氏在汉也，有御史大夫周，始自南阳徙茂陵。自是至唐世为先望。……高桥者，上海浦东之乡也。杜氏宅其地，盖不知几何世？其署郡曰京兆。末孙镛自寒微起为任侠，以讨妖寇，有安集上海功，江南北豪杰皆宗之。始就高桥祠堂祀其父祖以上……”是吗？我的祖先是尧舜禹文武周公中的那个尧？祖上还出过那么多高官显爵？杜月笙面上露出一丝微笑。

继章太炎之大手笔而来的，是一大堆名流的追步之作，包括胡汉民、刘芦隐的《高桥杜氏祠堂记》，汪精卫的《高桥杜氏家祠记》，杨度的《杜氏家祠落成颂》，何成波、谷正伦、贺耀祖、杨杰、叶开台等人的《杜氏家祠记》，冯云初、王西坤的《杜氏家祠颂并序》……所“记”所“颂”形制不一，而善祷善颂则唯恐后人，名位职衔有高有低，而逢迎吹拍则奋勇争先。

祠堂四周加盖彩幔席棚百余间，席面近千桌，同时入席者往往数千人，自午入夜川流不息。码头自备两艘汽艇，“月宝”与“波涛”号，专门运送贺客，但远远不够，不时有挤落入水者，乃特派租界巡捕予以维持，另从招商局和其他轮船公司调来多艘轮船。高桥码头至杜祠之间，还有十来里路，又备了奥斯汀客车十五辆，黄包车一百五十辆。浦东高桥一带沿途没有路灯，就临时安装木柱，入夜即高悬汽油灯，远望有如火龙蜿蜒，亮彻半天。事先杜月笙就特别关照其手下郁咏馨，预备熬五千两鸦片烟，打好烟泡，人手不够，从各处抽调。但是，五千两鸦片膏，第二天傍晚就抽光了，又赶熬了三千两，才勉强应付过去。

为了吸引高桥一带的农民，杜月笙吩咐账房预备大批毛巾、脸盆、药水、灯笼和纪念章等，四乡张贴海报宣布，凡来送礼的，不论送多少，一律发给一个纪念章，凭此章在三天内可以随便吃酒席、看戏。送礼重一点的，另有薄礼回馈。这些纪念品上都印有“杜祠落成典礼”字样。结果一万只纪念章远远不够，又临时加发了数千份宴客帖，权当纪念章之用。上海邮局是杜月笙的得意门生陆京士等人的天下，专门打通关节，在高桥为杜祠典礼设立一个临时邮局，赠送来宾每人一套印有“杜祠落成典礼纪念”的信封信纸，并加盖红色纪念邮戳，以示隆重。

2. 申城何事起观潮

“奉主入祠”的黄道吉日定在 1931 年 6 月 9 日。天刚放亮，杜公馆附近的几条路上就已经人头攒动，水泄不通。至七点，嵩山路、华格臬路一带，各种仪仗、彩旗、金牌就已经齐集，整装待发。当外滩海关大楼的大自鸣钟“当当”敲了九下时，其大门两旁的二十四响礼炮轰轰打响，响彻云霄。“奉主入祠”的大队人马出发了。

仪仗队有六个大队，第一大队的声威就足以震慑整个上海滩：二十四名“红头阿三”（缠红头巾的印度锡克族巡捕），骑在高头大马上挺胸昂头，目不斜视，洋洋而过——这是英租界当局送给杜月笙做仪仗的，中国说法，俗称“顶马”。

继之则是旗帜方队。打头的是国旗，国旗后边是四十四面杏黄旗，暗合杜月笙之岁数。每面旗都有一丈见方，猎猎当风，嘶嘶作响。当中一杆大黄旗，上书一红色“杜”字，则足有五尺见方，煞是威风。

旗帜方队后面，是由公共租界和法租界当局派出的一百个全副武装的英、法、印、安南巡捕组成的崭新的自行车骑队，在当时，自行车还很为稀罕，而法租界与公共租界的巡捕如此列队捧场，那也是前所未有的，颇有一番“万邦来朝”的小朝廷气象。

巡捕方队后面跟着的，是一大群“金荣小学”的学生组成的方队，和几年来各处送给他的十几把万民伞。接着，是淞沪警备司令部的军乐队，他们整装列队，踢踏奏乐，声势最是壮观。后面还有一队军士，抬着蒋介石赠送的那块“孝思不匮”的金字大匾，匾额扎成巍峨的彩亭，以示尊崇。大匾之后，则是何应钦、熊式辉等党国要人、各界名流所送匾额。

这之后，才是“神主”即祖宗牌位。牌位亦用精致的轿亭抬着，前导为八面特大铜锣，随行则是身着彩衣的少女，捧着几十个盛满鲜花的花篮和几十个烧着檀香的大香炉。杜月笙带着几个儿子扶着轿杠，缓步肃然走过。

从高桥到杜家祠堂这十多里路也整顿一新，路旁彩旗招展，更壮观的，是路边一里树一座的彩牌坊，彩旗和彩牌坊都是由各商店所赠，表示感馈杜月笙的恩泽，“虽远不遗”。而杜祠前面，则搭着五层楼高的大彩牌坊，数里之外即遥遥可见。

举行奉主入祠典礼时，由陆、海军、公安局西乐队等组成的大乐队奏乐，吴淞要塞司令部在附近鸣礼炮二十一响。其后，由杨虎以国民政府中将参军身份，代表国民政府和主席蒋介石道贺。其次，则举行公祭典礼，执祭者亦非等闲之辈，乃是上海特别市市长吴铁城、领陆军上将衔的前粤军军阀刘志陆、宋子文的代表宋子安、孔祥熙的代表许建屏、何应钦的代表何揖五等。接着是来宾道贺，有法国总领事柯格霖、公共租界警务长毛鼎、日本总领事、日本驻军司令坂西利太郎，以及许多外国贵宾。除此之外，还有各省主席、市长的代表，各地帮会领袖，沪上工商、金融等各界的头面人物，难以一一列举。

3. 只此一回

“整个北京城有名的角儿都去啦，梅兰芳、程砚秋、荀慧生、尚小云、谭富英、言菊朋、马连良，那些名震一方的角儿都去了！”著名的京剧丑角艾世菊，晚年回忆起当年的杜祠盛况时说：“我那个时候正在北京学戏，当然没那个辈分去，我师傅马富禄也去了。”艾世菊晚年定居上海，耄耋之年，患有轻度偏瘫，然而说起当年京剧界那次声势浩大的“群英会”，仍然颤颤巍巍地翘起了大拇指。

当时的京剧四大名旦，梅兰芳、程砚秋、荀慧生、尚小云，和四大须生，谭富英、言菊朋、马连良、余叔岩，几乎所有的南北名角，都来赴杜祠落成典礼的盛会。此种盛况，恐怕是慈禧太后老佛爷的“万寿”也不过如此，这不是钱多就能堆出来的场面，也不是有钱就能看得到的堂会。因为这些京剧界的台柱都不是为钱而来，他们完全是来“捧”杜月笙的“场”，分文不取。此外如马连良、言菊朋、高庆奎、肖长华、姜妙香等大牌，则老早就赶到上海滩来，就等着这一天开场。唯一美中不足的，就是声望不在杨小楼和梅兰芳之下的北京余叔岩和上海盖叫天没有请到。但余叔岩的嫡传女弟子孟小冬，后来却成了杜月笙的姨太太。

从 9 日到 11 日的这三天连台好戏，早就放出了风声，沪宁等地早已为之骚然，至戏单一排出来，遂成全国大新闻，外地报纸都津津乐道，只恨不能躬逢其盛。至于杜祠本地，则原本算作免费戏票的纪念章远不敷用，附近几县赶去看热闹的根本就挤不进场。为酬其远道热情，就再由天蟾舞台等戏班在外面演唱招待，敞开来演，敞开来看。

这次庆典活动是上海开埠以来，上海人从未见过的一次，所费以数百万银元计，且不包括众多由朋友、门徒等人凑钱代办的项目，如轮船、彩棚、鼓乐等等。沪上老报人、名记者徐铸成先生做了一番比较，他说，就铺张奢华的程度来说，勉强可与之“媲美”的只有清朝末年大买办、大官僚盛宣怀的出丧，和外国地产商、上海首富哈同的大吊丧。但就其排场来说，无人能及。他说道，杜祠典礼之后不久，宋氏家族的“老祖宗”宋子文之母去世，其子婿在当时中国的所谓“四大家族”中占据三席，且还有一位已逝的“国父”足耀门楣，但在出殡的时候，也没有杜氏祠堂开祠的那种煊赫盛况。别的不说，光是那租界巡捕组成的顶马和仪仗队，就不是有钱有势能拉得起来的，此事还真是非杜月笙莫办。

再说一条，法租界自成立以来，从来没有让中国军队开入过租界，——1927年，蒋介石贵为国民革命军总司令，去上海住在法租界的公馆里，也只许带十名警卫，还需租界当局事先颁发通行证。这一次居然让中国的陆、海军和公安部队开入，也是只此一回，空前绝后的一遭，而这不过是为了成全杜月笙的面子和排场。

这就是上海滩呼风唤雨的杜月笙。

少年时衣衫褴褛、饥肠辘辘来到上海滩，三十年后上海滩无人不识杜月笙。四十四岁的杜月笙跺跺脚，黄浦江也得荡几荡。

他是一个起于寒微的“大流氓”，史无前例的“大流氓”。但他是中国“上流社会”中的流氓。他是一个标准的“绅士”，一个高矗社会顶层的绅士。但他是一个被人“当尿壶用着”的绅士。他一掷千金，有诺必践，心狠手毒，智谋百出，身不足七尺而可担起半壁江山，体不甚魁梧却能震慑江浦，其貌不扬犹拥娇妻美妾，家无积蓄却可运动亿万资财。

这就是旧上海的无冕之王——杜月笙。

◀15

杜氏家祠开祠典礼，在 1931 年的上海，那是空前绝后的一件盛事，也是杜月笙荣耀之巅峰。

图 15 为杜氏家祠正门，坐落于高南乡陆家堰，祠堂计五开间三进，大门前雄踞一对身高近丈，张口盘弄石球的石狮。

图 16 是杜月笙在家乡营造的杜氏藏书楼，藏书几万册，同时兴建的还有学校、医院等公益机构。

▼16

▲17

图 17 为杜祠开祠时游行队伍经过租界时的场景。

图 18 是开祠仪仗游行。以吴佩孚所赠“武库世家”金字牌匾打头，一溜下去是“是用孝享”，“望出晋昌”……

图 19 是杜祠开祠时蒋介石送的一篇开祠祝词，赞曰：元凯之家，清芬世守；孝孙有庆，服先食旧；任侠好义，声驰遐通。

▲18

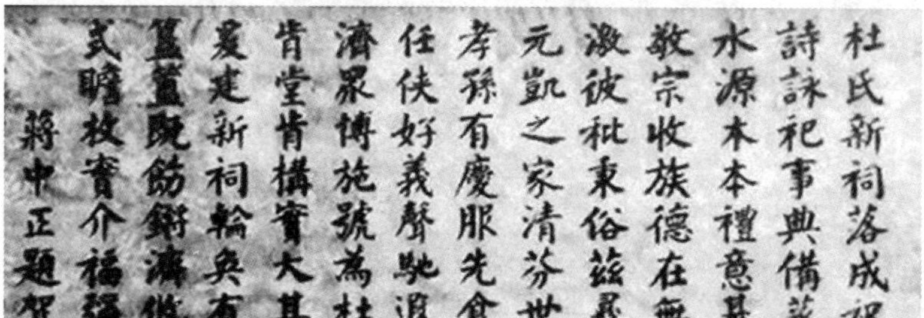

杜氏新祠落成祝詞
詩詠祀事典備蒸嘗
水源木本禮意綦詳
敬宗收族德在無忘
激彼秕東俗茲彝常
元凱之家清芬世守
孝孫有慶服先食舊
任俠好義聲馳遐通
濟衆博施號為杜母
肯堂肯構實大其宗
爰建新祠輪奐有容
簋簠既飭鏘濟微從
式瞻枚實介福彌隆
蔣中正題賀

◀19

◄20

◄21

图 20 为蒋介石致送的匾额“孝思不匮”。

图 21 为杜月笙（右）、张啸林（中）等人于杜氏祠堂内合影。

图 22 为 1925 年徐悲鸿所作杜月笙像，题款为“甲子冬月徐悲鸿敬为月笙先生写照”。图 23 为杜月笙 1931 年的一帧《千字文》习字作品：天地玄黄，宇宙洪荒。日月盈昃，秋收冬藏。闰馀成岁，律吕调阳。云腾致雨，露结为霜。金生丽水，玉出昆冈。

▲22

▼23

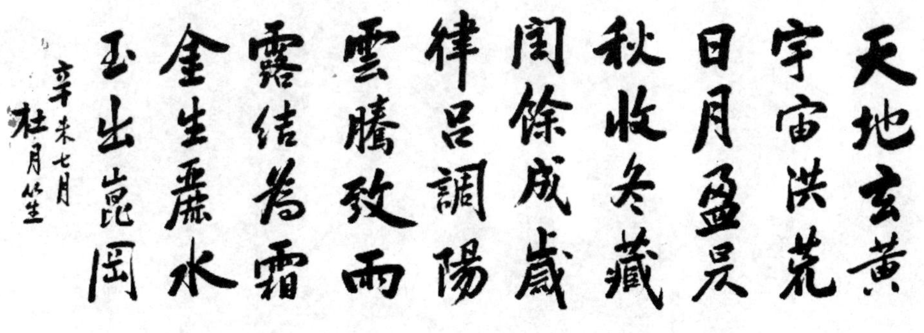

杜氏家祠开祠典礼之所以轰动上海，乃至全国，一个重大节目便是开祠典礼的堂会，真可谓荟萃南北，济济一堂，除余叔岩称病未到、盖叫天拒绝参加外，全国名角儿基本不落，其盛况称得上“只此一回”。

图 24 为堂会大合影（部分），前排从右往左依次为言菊朋、谭小培、李吉瑞、龚云甫、杨小楼、雪艳琴、雪艳舫、王又辰，后排左五至左十依次为徐碧云、杜月笙、黄金荣、王晓籁、虞洽卿、张啸林。

图 25 为堂会大合影（部分），前排从左往右依次为蒋抑卮、荀慧生、梅兰芳。

▼24

▲25

尚小云、程砚秋 26▶

马连良、谭富英 27▶

杜月笙的上海地图

第二部

第二部

杜月笙的上海地图

1931年的上海，还没有信心自称东方的曼哈顿。但它的浮华，时尚，喧嚣，和光怪陆离，它的盛大，繁华，包容和自在，也足以称得上东方的巴黎。这是中国人眼里的十里洋场，东洋人和西洋人眼里的“冒险家的乐园”。

“我的目的就是在最短的时期中发一笔横财。我预期在两三年之中必须发财，即行离去。那末，上海以后即使化为灰烬，于我又有什么相干呢？”说这话的，是距1843年开埠不远，从运送鸦片和丝茶的炮船上下来，落脚于黄浦滩的洋行大班们，他们并没有打算逗留太久。在他们看来，这里有太多的危险。

太平天国和小刀会的枪矛，曾经顶到了洋人的鼻尖，义和团的符咒，也曾念得上海滩的洋人们心惊胆战。后来是“革命”，再后来又是“反革命”，军阀，打倒军阀，罢工，调停罢工，禁烟，抽烟土税，抗日，禁止排日……在时代风潮的推拉搡挤和时间的流逝中，中国东海岸的这一片荒滩变成了城市，城市成长为大都会，它的样式越来越时髦，体态越来越富庶了。是啊，1931 年的黄浦江，并不比五十年或者一百年前更宽阔，但它确实更深了。十九世纪的木壳航海帆船已经衰落，蒸汽轮机可以驱动更大更快的艨艟铁甲巨舰，这些胖头鱼一样排在江边的船体，需要吃进更深的水，需要更多更熟练的引航员。它们还需要更大的舰炮，来向中国展示其帝国的实力。1931 年的中国，黄浦江仍然是各大帝国海军的展示橱窗和公用锚地。

1. 黄浦滩

1843 年 11 月 8 日，英国第一任驻上海的领事乔治·巴富尔上尉（George Balfour 1809-1894）来到上海，据说他第一次来的时候，船舱里只有几袋面包和几桶白兰地。他租了一所宅院作为办公的地点。来参观他的中国人川流不息，房东为此专门卖起了参观“红毛番人”的门票，巴富尔上尉气得七窍生烟，他打定主意要找一块领事馆自己的地皮。他选择了黄浦江的边缘，上海人所弃置不顾的泥滩地。他选择的眼光极其之远大——“英国的军舰可以在这里停泊”，他说，“可以使英国人看得见而感到安全。我们的目的是完全控制扬子江。我们可以藉着控制这个要塞的威力，即可以向中国政府要求公允的条件，以稳定我们的商业关系。”他摊开了军用地图，得意地说：“一切未开化的民族必将屈服于我们那较高级的文明之前！”他似乎已经看到，眼前这一片满目荒芜的滩涂，将来会成为大英帝国在远东展布势力的基地，他也深知，帝国的一切商业和安全，都有赖于那看得见的军舰。

1845年11月29日，上海道台宫慕久与巴富尔签订了《1845年上海租地章程》，划出上海县城北郊的地方作为英国人居留地。这就是后来的英租界。接踵而至的是法国人。1849年4月6日正式确定了法租界界址，自上海县城北门外，南至城河，北至洋泾浜，西至关帝庙诸家桥，东至广东会馆沿河至洋泾浜东角。1848年，美国又在虹口地区确立了美国人的居留地。1865年10月，英美租界当局为纪念《南京条约》给他们带来的巨大利益，将派克路正式命名为“南京路”。

甲午战争后，日本人蜂拥来到上海。1915年他们的人口在上海租界里就超过了英国，他们集中在虹口和杨树浦一带。1917年俄国革命给上海的租界送来了大批流亡的“白俄”，其中不少是沙皇俄国的没落贵族，他们在霞飞路（现今的淮海中路）赁屋而居。仅1926–1928年间，就有一百多家俄侨商店在霞飞路上开张。很快希特勒将掌权了，他为三十年代的上海送来了历经劫难的犹太人。

每一次的战争和动乱，都会使上海膨胀一次，谋生的，逃难的，革命的，被革命的，想发横财的，想看西洋景的，不约而同凑到了这里。1931年2月28日，公共租界工部局发表1930年公共租界人口密度统计：平均每平方英里113920人，超过人口最稠密的伦敦。法租界的繁密比起公共租界一点也不逊色。

上海成为了嘈杂繁忙的工业中心，纱厂、烟厂、机器厂，在世纪初的短短的二十年里，像雨后的蘑菇一丛丛冒了出来。它还是一个巨大的港口，它不知不觉成为世界航运的中点。也许是天意，它和大英帝国的利物浦，与美利坚的纽约港之间的距离，恰巧是相等的。扬子江是中国南北的分界线，上海又恰恰坐落在这线头的起点。黄浦滩的码头吞吐着内陆漂来的移民和乡土货物，就像十二里之外的扬子江口承纳着内陆几千里直到金沙江的泥沙与浮渣，吸纳着海外挤来的冒险家和新风气。中国的对外贸易已有半数是经过这个地方，各银行里边所存的现银已在十万万两之上，白种人的各种投资也达到十万万两之上。上海各银行所发的钞票通行全国。从1848年第一家现代意义的银行落户外滩开始，到1930年代，汇丰、渣打、花旗、华俄道胜、中国通商、德华、东方汇理、横滨正金、中国银行等金融界的旗帜，无不以跻身外滩“黄金水岸”为荣，并因此而声誉昭著。

这是中国的心脏，流通的不仅是金融，贯通南北的大运河与津浦、沪宁铁路（要到1934年，在南京下关与浦口之间的长江上建成火车轮渡，才有从上海直达北平的快车），和连通中西的扬子江黄金水道，如同通往心脏的大动脉，将内陆的资源源源不断输往上海的港口，换来棉纱、机器、奢侈品和鸦片。

是在1931年的7月里，全世界都知名的大富翁沙逊爵士召唤印度的《泰晤士报》总编来到他的办公室，告诉他，自己将永远离开印度了，他的下一个居留地是中国的上海。全世界都被这个消息震惊了，英法美意德等国的各大报都迅速醒目地刊登了这桩新闻。

经历了多次的地界扩张，涂抹上了这么多的色彩，上海的英美租界（后来的公共租界）与法租界成了上海的城中城，中国的国中国。上海这座繁华的城市，变成了西洋风格与中国风格做成的夹心“三明治”，或是更为华丽的鸡尾酒。这时候的上海，它的色彩多么斑斓。出吴淞口是蓝色的海水，进黄浦江浊浪微澜。自吴淞进入黄浦江，来到东西向的苏州河入黄浦江的河口，可以看到以苏州河为中轴，南边的东端是法租界，西端是英美公共租界；苏州河北边也属英美公共租界。英美租界再往北是闸北，法租界南边是老上海县城、南市和东市。闸北、上海县城、南市、东市等区，属于中国上海市政府管辖，即所谓的“华界”。南北两片“华界”包裹着中间的外国租界。租界沿着黄浦江的西岸，即是大名鼎鼎的“外滩”。中国近代意义上的第一家医院、报纸、博物馆、俱乐部、图书馆……都诞生于这片新月形的河边滩地上。三十年代以后，外滩的西洋建筑再也没有大的改变。上海的三十年代，永远都留在了外滩，如一位贵妇的风韵与成熟，永远凝在金色的相框里。

与外滩隔江对望，当时尚是一片荒芜，直到二十世纪九十年代，也仍然是被冷落的地方，这就是浦东。时间在上海滩并没有同步展开，正如空间在这里分了多少层一样。当外滩进入二十世纪三十年代的“摩登时代”（modern times，这也是从上海流行起来的词汇），浦东似乎仍然停留在十九世纪。当租界的摩天大厦在现代派的钢筋混凝土与古典的欧陆风格的混合中生长的时候，租界以外的上海和中国似乎仍匍匐在霉烂的泥涂里。

1888 年，杜月笙出生于浦东的高桥。他少年时从高桥来到隔江对望的十六铺，青年时从十六铺来到法租界的黄公馆，中年后从黄公馆住进了自己法租界的杜公馆。这是一条灰色的轨迹，像是围绕着黄浦滩打了一个转。他的人生，就像上海滩的不同地段，在一节节高低不同地生长，展示着旧上海和步入中年的“中华民国”不同时段的生态。

2. 高桥

杜月笙出生于1888年（清光绪十四年），原名月生，因其出生于七月半，也就是鬼节。“月笙”这个名字，则是后来成名后请人改的。

他父亲杜文卿居住在浦东高桥镇，在杨树浦开过一家小小米店，并不足以维持家用。杜月笙童年生活实在非常不幸。四岁丧母时，杜月笙刚出生的一个妹妹便因为无力抚养、无人照看而送了人。五岁时父亲又染病不治身亡，其继母张氏一人守寡带着杜月笙，无钱葬夫，只能将杜文卿的棺材放在田埂上，覆以稻草“遮挡”日晒雨淋。张氏在杜文卿死后开始还继续独力支撑着那个破米店，一年后就再也难以为继，带着杜月笙回到高桥，靠洗衣供母子过活。她还尽全力送杜月笙上了三个月私塾，到第四个月无力供给学钱，杜月笙就只好辍学。终杜月笙一生，他只在杨树浦上过两个月私塾，在高桥读了三个月书，所以他后来总念叨自己只读了五个月书。到杜月笙虚岁八岁的时候，这个继母也失踪了。杜月笙就此成了彻头彻尾的孤儿。

杜月笙还有一位做木匠活的舅舅，也是苦哈哈一家，实在帮衬不了多少，所以最后是他的亲外婆收留了他。无父无母，无兄无弟，无姐无妹，真可谓人生世上，茕茕孑立。没人管教的杜月笙，就此常常流浪街头，出没于茶馆酒肆和赌棚，捞到什么吃什么，捡到什么披什么。其交结的，不外乎一群街头混混，偷蒙抢骗，吃喝抽赌，他样样不落地学了个遍。自从认识了这个“赌”字，他就再也丢不开了。他开始偷偷把自家老屋里的东西拿去卖掉，坛坛罐罐、桌椅板凳，卖的钱大都送进了赌场。十二三岁，他已经是个典型的街头流氓了。

最后，眼看着大了，毫无营生，在家乡也实在待不下去了，他外婆托人介绍他到隔江另一边离家不远的十六铺，去水果店做学徒。这是他十四岁的时候，身上只有外婆借来的几十个铜板。

杜月笙后来成为“海上闻人”了，“上海滩上没有杜先生办不到的事”了，他耗资10万元，在浦东建起“杜氏藏书楼”，附设学塾，又在法租界善钟路创办了一所正始中学，亲任董事长，还有1931年的杜氏祠堂开祠盛事，也许，所有这些都是为了补偿高桥留给他的苦难记忆。他千方百计寻找那位送了人家的胞妹，却再也没有寻到。因为父母早逝，他连祖父的名讳都说不清楚，却建这样一座空洞的祠堂。有些失去的东西，永远都无法补偿，有些空洞的内容，无论如何都填不踏实。

高桥镇是千千万万破产的中国乡村中的一个，没有太多的特别。杜月笙是千千万万破落家庭中流浪出来的一个，也没有太多的特别。特别的是，高桥离黄浦滩很近。

3. 十六铺

现在的十六铺，位居外滩之侧，与隔江的陆家嘴商业区咫尺相望，东近仁恒滨江园、菊园等高档居住区，西邻老上海的豫园商业街，已经从一片衰落破旧的平房区，开发成了崭新的城区。

但在晚清，十六铺却是一个嘈杂的水陆码头，江中樯桅如林，岸上货殖山积。在小东门城外到东昌轮渡口，原有一条通黄浦江的支浜，支浜上有一“陆家石桥”，为华界与法租界的交界处。桥南华界的警察不能涉足桥北法租界，桥北的法租界巡捕也不能越界捕人；而支浜两侧的居民，其管理权既不属华界也不属法租界，是真正的“两不搭界”，故近代上海有句歇后语：陆家石桥——两不管。

十六铺的有名，除了这里是个大水陆码头外，就是因为这里黑社会发达，许多威震上海滩的黑社会头子，都是在这里登上了黑船，走上了黑道。在黑社会横行的十六铺，杜月笙做上了平生第一个正经工作，就是水果店的学徒。

杜月笙从浦东过来，先在他堂伯父杜阿庆所在的张恒大水果行做学徒。但杜月笙地头熟了以后，就开始不守本分，常把店里的水果做人情，结交街上的瘪三，又时常去街上游荡。吃饭常欠账，弄到饭店常上水果行讨账。杜阿庆脸面挂不住，只好荐他“改换门庭”去了宝大水果行。在宝大他一如既往，还新学得了挪用店里的钱，长此以往，拉了个大窟窿，结果半年后就被扫地出门。于是，在十六铺浪荡了几年的十七岁的杜月笙，重回高桥卖了几个月的油饼油条，结果又把本钱蚀了，只好再打道回归十六铺。张恒大水果行的账房黄文祥看他可怜，就背着老板把一些烂水果批给他，让他在十六铺码头上摆个摊子维持生活。

三年的卖水果生涯，杜月笙赚到了两个外号，一个是“水果月生”，一个是“莱阳梨”。叫“水果月生”，是因为他削水果有一手绝活。他往往站在别人背后，看人家搓麻将或推牌九，一边和别人谈笑，一边手持小刀，运指如飞，几下就能削出一只白白净净的水果来，更绝的是，那一圈圈果皮，粗细深浅如一，一刀到尾，绝不断折。叫他“莱阳梨”，是因为他卖水果能做到“整旧如新”，一只烂梨子经他妙手飞刀，烂疤一剜，小刀在梨屁股上一戳，就是雪白漂亮水灵灵一只鲜梨。

他有这两手绝活，但靠这种小玩意儿过日子终究不能安稳。他大概深信“马无夜草不肥，人无横财不富”这句俗语，以为要发横财，唯有赌博。

所以，他常常扔下水果刀，将掷骰子、押注、推牌九、搓麻将各种赌博套路都操练了一遍。要是赢了钱，当然是和一帮瘪三朋友大吃海喝，消此数日光阴，要是输了钱，那就再去偷抢蒙骗，实在不行，还回去卖水果。到得后来，杜月笙干脆扔掉这套水果营生，领着一帮小瘪三做起“抛顶宫”的勾当来。当时街上行人多有戴帽子的，“抛顶宫”就是趁人不备抢帽子，抢来“顶宫”到旧货摊上一转手，又有得几日吃喝不愁了。

杜月笙有一种天生的性格和气质，那就是豪爽，讲义气。这是他在十六铺立足最大的本钱。他没有钱，但他决不吝啬自己的全部家当，愿意和所有的兄弟分享自己最后一个铜板。他没有固定的住处，常常落到和叫花子一起睡大街的地步。自小的流浪生涯使他为人非常四海，倘若有朋友没钱吃饭，只要他身边还有两角小洋，即会毫不犹豫地全数奉送，还爽快地说一声：“你拿去吃饭去，以后有钱了来救我！”他决不告诉人这是他唯一的两个银角子,因为这样别人也不好意思要。于是他往往这样挨一夜饿。

杜月笙好赌，在十六铺白相人中赫赫有名。他可以一天不吃饭，但决不可一天不赌钱。如没有赌资，就拿了同伙仅有的衣服去下赌场，输光了赎不回来，他也不会让朋友没衣服穿，而是让同伙穿着自己的衣服上街，自己蜷缩在被窝里睡大觉，直到朋友捞到钱来“救”他。

杜在某年过生日的时候，他几个同道兄弟每人凑了一块钱，准备晚上打牙祭，也为他这个赤条条来去无牵挂的人做个生日。不料到了下午，杜月笙就把这几块钱输了个精光。他光棍一条，生勿带来，死勿带去，无需对何人负责。说得难听一点，是无赖，说得同情一点，何尝不是无奈的悲怆。在十六铺，杜月笙曾生了一场大病，几乎一命呜呼。他的朋友问他还有什么亲戚，意思是后事该交代谁，他茫然摇头，半晌才瘫软无力地说，还有一个姑母，姑母的一个儿子在小东门一家铜匠铺里学生意，这就是万墨林，后来成了杜月笙的管家。幸赖他姑母的悉心照料，杜月笙才起死回生。

其后不多久，在十六铺做瘪三的杜月笙被小东门的“大阿姐”（一个小有名气的烟花间老鸨）相中，做了一段烟花间的杂役，日常时间替妓女拉皮条，给嫖客跑腿。就在这一时期，他结交了一个臭味相投的兄弟，这就是以后成为他死党的顾嘉棠，也是在这一段时期，杜月笙入了青帮，正式成了“在帮”的白相人。

青帮，论其源流，原是漕船水手的帮会组织。有清一代，虽然禁止民间结社，但民间的秘密结社却也一直未曾完全根绝，其中青帮算一大统系，维系着游离于乡村与城市正常治理秩序之外的大量“异常分子”。清末河工废弛，运河堵塞，政府无钱疏浚，只好发展海运，尤其是“洪杨”事起，漕运只得改成由轮船直运天津，运河顿失作用，原来以运河漕运为生的水手纷纷另谋出路，于是“青帮”组织离开江淮流域，转移到其他地方继续活动。其中上海这个远东第一大城市，因为水陆交通方便，就成了“转业”青帮新的立足点了。然而，“转业”谈何容易，这些粮船水手不少难以再在水运行业谋生，只好上岸落地成了游民。另一方面，原来在街上做“孤胆英雄”的地痞瘪三，也终于“找到组织”了，纷纷加入青帮。于是青帮渐渐转化成为以都市流氓为主的黑社会组织。青帮和流氓的结合，使得青帮变了味，然而也正是这种变化，使得青帮势力大涨。

民国初年以来，上海青帮中辈分最高的是“大”字辈的“老头子”（对帮中前辈的称呼），如此辈分的“老头子”加起来也就十几位，如张仁奎、高士奎、樊瑾成、袁克文、张树声、汪禹丞、步章武、徐朗西、陈其美等人。从这个名单可以看出，青帮“大”字辈的“老头子”很难说是“流氓头子”，如袁克文是清末民初有名的“名士”，文采风流一时无两，张树声是冯玉祥西北军中的著名将领，徐朗西和陈其美都是孙中山的得力干将，张仁奎做了几十年的通海镇守使，官望很是不错，为人也算正派。但自从“大”字辈以下，则是泥沙俱下，“流氓辈出”了。上海滩上诸如烟、赌、娼、盗、绑、杀等黑道各行，大都是由“通”字辈的青帮成员在掌管。当时叫得响名号的“通”字辈有金廷荪、顾嘉棠、叶焯山、高鑫宝、马祥生、严九龄、季云卿、张啸林等人。

杜月笙是“通”字辈以下的“悟”字辈，按辈分得称上面这些人为爷叔。可是，这些“通”字辈的狠硬角色，后来却全都是杜月笙帐下的左膀右臂，他们“辅佐”杜月笙，甘愿为杜月笙所用，根本顾不上什么辈分不辈分，这是杜月笙之为杜月笙的特殊之处。

与杜月笙后来的地位不相称的是，杜月笙的“老头子”（师傅）却是个街头行骗的不大不小的混混，绰号“套签子福生”（套签子是一种骗术）的陈世昌。陈世昌自己混来混去并没混出多大名堂，却因有了这“了不得”的徒弟杜月笙而得以名满上海滩。杜月笙发达后，更把他养起来，“以报师恩”。杜月笙开馆了，有了自己的“杜公馆”，每年供给陈世昌用度，他再也不用出去套签子了，而且每年过年杜月笙会请陈世昌到杜家聚赌，所得抽头全部归陈世昌，陈世昌也受之不却，洋洋得意。陈世昌有个很不成器的儿子，有一次和人家办钱庄亏得一塌糊涂，债主追得急迫，陈世昌只好请杜月笙解困，杜月笙二话不说，问要多少钱才能了断，陈说大洋二万五千。杜毫不在意地说：“准明天如数奉上。”结果不多会儿这两万五千大洋又败光了。陈世昌爱子心切，又包羞忍辱来求杜月笙，杜毫不犹豫又给了两万。然而，这陈世昌的儿子实在会败家，不多久，这些钱又胡花海花个精光。从此以后，陈世昌再也没有脸面上杜家的门，活活给这个儿子气死了。

从杜月笙对陈世昌一事来看，他待人有个常人难及之处，那就是滴水之恩涌泉相报，绝对不嫌弃自己和他人出身低。凡是曾经对杜月笙有恩的，他后来都一一报答。

后来杜月笙进了黄金荣家，给黄金荣拎皮包做跟班，有次代黄金荣老婆桂生姐叉麻将赢了两千四百元大洋，桂生姐赏了他两千元。这是迄今为止杜月笙生平见到的最大一笔横财了，他如何处置这一笔意外之财？这是林桂生颇感好奇的问题。他揣着这两千大洋，找到原来在十六铺落魄时的一帮兄弟，每人几十上百个白花花的银元送了出去，他还特意找到原来当差的水果店，将原来自己弄下的亏空金额两倍补上，请这些老哥们一起下馆子海吃了几顿。

对在自己最困难的时候给自己生路的黄和祥，他后来的回报可以说惠及黄家的子孙后代了。杜月笙开祠的时候，他的声望已经达到顶峰，正是最风光的时候，这时候黄和祥也来参加典礼。杜月笙见了，叫心腹茶房悄悄通知黄和祥，一星期后到华格臬路他的公馆，有要事相商。黄和祥依约前去，杜就当场叫原来管账的杨渔笙把钥匙全部交给黄和祥，要黄立即任他的总账房，这个重要的心腹位置，黄一直做到中风而死。黄死后，这个总账房的位子，又传给了黄和祥的儿子黄国栋，由黄国栋一直做到上海解放。

杜月笙念旧。虽然他后来成了体面的“绅士”，但绝对不敢看不起像他当年一样在街头晃荡的白相人和瘪三。

当初杜月笙还混在十六铺的时候，别人总叫他“莱阳梨”，他对自己这个叫得响的诨名很是得意，别人叫他，总是连声答应，从不回绝。以后他慢慢发达起来，才少有人当面再这么叫。不过当年和他一起混过的许多小流氓，现在向他要钱时，还是不免怀着快乐而戏谑的心态，当面向他大叫这个人人皆知的外号。常常是这样：杜月笙和几个很有身份的朋友去四马路一带妓院吃花酒，他的汽车刚一停下（杜的车牌号77777，上海滩上最风光的一个号），一群小流氓便围过来向他伸手，他一面赶紧走，一面叫他的手下人快给钱。有时候钱给得少，这些人便扯开了嗓子大叫："莱阳梨，多给点！"他的手下马上就得加钱，这样才能把这些瘪三打发走。

杜月笙削水果这一绝艺一直保留着。四川一个不大不小的军阀范绍增和杜月笙交情极密，当只有范绍增、杜月笙、顾嘉棠几个贴心朋友时，顾嘉棠便常常打趣杜月笙，随手拿起一只水果送到杜月笙面前，叫他削，杜月笙总是笑着很快把它削好，没有丝毫不快的表示，似乎很是享受给人家削水果的感觉。他也取笑顾嘉棠，往往看到顾嘉棠进来，就笑着呵斥他，叫顾把他家里的花摆好了。因为顾嘉棠原来是个花匠，两人出身一般的低贱。这时候他们都已经家财万贯了，这种小打小闹的玩笑，多少带着点温馨的回忆，回忆当年一起度过的穷苦日子。

在杜月笙成为"海上闻人"后，杜月笙和顾嘉棠表面上是主仆关系，但他们其实是介乎兄弟和朋友之间的生死之交，两人相互依赖，彼此捧场。在外人面前，顾总是装出对杜恭恭敬敬、十分听话十分服帖的样子，而两人私下里则无话不谈，情同鱼水。杜也绝对不会当着别人的面对顾说一句重话。据说，蒋介石对杜月笙，有时候也如同杜月笙待顾嘉棠。在正式场合和有外人在场，蒋介石绝对不苟言笑，对杜月笙这些出身底层的帮会人物少有亲昵神色，但私下里，三两个人的时候，对杜月笙则“月生哥”叫得亲热。而杜月笙呢，表面上对蒋介石奉若神明，毕恭毕敬，但背了蒋介石则对蒋也不那么恭谨了。

在十六铺，杜月笙没有积攒下任何家财，但他积累了足够的混江湖的智慧，和人人皆知的义气。

4. 黄公馆

黄公馆是黄金荣的公馆，在上海法租界麦高包禄路钧培里（今龙门路）1 号。杜公馆在华格臬路（今宁海西路）216 号。杜公馆的这栋豪宅，其地皮是黄金荣赠送的，地面上起了两座公馆，西边的一座属于杜月笙，东面一座属于张啸林，两座公馆一墙之隔，有门相通。

从黄公馆到杜公馆，路程不到一刻钟。但杜月笙从黄公馆走到杜公馆，却足足走了十多年。从黄公馆到杜公馆的这条路，就是杜月笙演绎旧上海传奇的大舞台。

约在辛亥前，经陈世昌介绍，由陈世昌的同辈兄弟，绰号“饭桶阿三”的黄振乙接引，杜月笙到了当时叱咤上海滩的黄金荣门下当跟班，年岁在二十岁左右，做的是“黄门小厮”。

黄金荣（1868–1953）是法租界的华探督察长，其势力不但遍布全上海，还远及江浙一带，在当时是有名的“大亨”，后来更成为“闻人”：上海滩的“大亨”多得很，哪怕是做“粪霸”——垄断收粪的行业——也可装模作样当“大亨”，但“闻人”则又比“大亨”分量要重得多了，沪上“闻人”，寥寥可数。

他因破了几桩轰动一时的大案，深为法租界当局看重，职务一升再升，担任法租界巡捕房华探督察长，长达二十多年，直到六十大寿之后，才退下来做顾问。凭着自己在租界的声势，他经营戏院、浴室等各种财源流畅的生意。当时，法租界内的游艺场、戏院，如大世界、共舞台、黄金大戏院等，差不多都有他插手其中，或者就是他开办的。他是个横跨黑白两道的人物，正式身份是法租界的督察长，但实际上还是上海滩上最大的黑社会头子之一。

杜月笙初进黄公馆，每走一步都踏着小心。他最初只能混在佣人中间，干些杂务，住在与灶披间相连的小房间里，进出都得走后门。生活虽然安定些，用不着每天为找吃的发愁，但他也不可能每天睡懒觉了。他既然下了从黄公馆出头的决心，这些暂时的拘束倒也能忍受。他收敛起原来的种种浪荡习惯，处处谨慎，事事巴结，尤其费尽心机，揣摩黄金荣及其周围重要角色的性格脾气，生活习惯和个人嗜好，然后投其所好，交结各色人等。用后来杜月笙自己的话来说，就是“眼观四方，耳听八面”。很快，他就赢得了黄公馆上上下下的好感，众人都说他“蛮灵格”（上海方言，即很灵活，很不错之意）。一个“浪子”，一辈子浪荡无行，这不会有人吃惊，但忽然之间居然换了个人似的变得行事谨慎、稳重而缜密，这就让人不得不刮目相看。

杜月笙口齿虽不大伶俐，但察言观色非常老道，加上身手敏捷，动作利落，给黄金荣提皮包久了，渐渐地深得黄金荣的赏识，开始接近黄金荣权力圈子的核心了。他不仅得到黄金荣的看重，更得到黄公馆的半边天，黄金荣老婆桂生姐的青眼。旧上海人都知道，黄公馆虽然姓黄，但真正的主人是桂生姐。桂生姐叫林桂生，本人虽长得矮小，却精明强干，敢作敢为，是所谓“拳头上立得起人，胳臂上跑得起马”的人物，在很多事情上，黄金荣对桂生姐一般都是言听计从的。

有一次，桂生姐得了一场大病，黄公馆内迷信，老板娘病了，便要选派年轻力壮的小伙子守护。这是桩苦差事，日夜不能离身，事事需要经心，没人愿干，所谓久病床头无孝子，就是这个道理。但杜月笙担起了这个担子，并竭尽全力把它干好了。旁人陪伴老板娘，也只不过是守在身边不离开，随叫随到。杜月笙却不然，他不但牢牢地守着，而且全神贯注，耳到、眼到、手到、脚到、心到。只要老板娘有什么需要，口一张他就跑去替她办好，甚至还不用开口，就想到了，为此真正做到了“衣不解带，食不甘味”。久而久之，桂生姐对杜月笙刮目相看，既看重他手脚伶俐，又感于他的一片忠心，决心好生拉他一把。

如果光是靠伺候人来收买人心，那么杜月笙终其一生恐怕也不过是个大管家式的人物，不会有什么自立门户的机会了。然而，通过处理一桩意外的“抢土”事件，杜月笙显露出其不同一般的魄力和机智，从此在黄公馆成为独当一面的人。

何谓“抢土”？这就得说起旧上海最著名的一桩“生意”了。

整个十九世纪下半叶，大英帝国在远东的势力建立在一个巨大的三角贸易循环上——英国从中国购进丝茶等物品，印度从英国购进纱布等产品，中国则从印度购进鸦片。其中鸦片在英国这个奴隶和毒品贩子的帝国战略中具有重要地位。凭着它，英国一方面可以平衡在与中国贸易中产生的巨额逆差，另一方面其高额利润有力支持着英帝国在印度的殖民机构和军队（印度殖民地是鸦片的最大输出地和得益者）以及本土鼓吹殖民扩张的势力，所以英国为此不惜发动两次对华战争。经过两次鸦片战争，鸦片成了世界各列强公开合法向中国出口的大宗物品。同样，鸦片始终是现代上海这座巨大城市运转的润滑剂。“毫不夸张地说，近代上海崛起于鸦片贸易。"（魏斐德语）1843年11月，怡和洋行——英国在华最大的洋行——在上海开设分行，其中就有一个买办专门负责洋行的鸦片贸易。到1860年——鸦片贸易合法化之后两年，上海已经占到鸦片贸易额的60%，鸦片在上海几乎可以代替真金白银成为"硬通货"，商人们可以拿着鸦片购货。二十世纪初的中国，16.8%的人口吸毒，超过一半的人口，其生活、生计不同程度地依赖毒品。

上海不仅是鸦片贸易的转口站，也是鸦片最大的最终消费地，它的租界、华界散布着上千家鸦片烟馆。这些鸦片烟馆从郑洽记、郭裕记和李伟记三家批发商进货，而这三家批发商则从沙逊、新沙逊、台维和新康四家洋行购进来自印度和波斯的鸦片。这是鸦片正常贸易的时代。1906年，清政府颁布上谕，决心十年内在中国逐渐禁绝鸦片，英国同意从1908年起十年内，将从印度出口到中国的鸦片逐渐从61900箱削减到零。英国之所以此时"同意"放弃以两次战争获得的特权，有几个考虑因素。

首先，此时鸦片已经在英国对华贸易中不再具有十九世纪时那般重要地位，中国本土产出的鸦片（产自云贵川、陕甘与东北、外蒙等地）已经超过了进口鸦片（这可称得上是近代中国最早的"进口替代战略"产品），进入民国以后，日本更取代英国成为最大的向中国出口毒品的国家。

其次，外国在华传教士向来大力反对列强向中国输入毒品。世界上再也没有第二份报刊像在华传教士办的《万国公报》那样，连续几十年持续不断地谴责鸦片和鸦片贸易，也没有任何其他刊物像《万国公报》那样详尽地控诉了鸦片对中国及其人民带来的伤害。他们认为，中国人吸食鸦片是灵魂的堕落，不利于他们皈依上帝。这种来自宗教与伦理的国际压力进入二十世纪后越来越大，使得英国“尖头鳗”（gentleman）也不得不圆滑了其脑袋。

此外，中国政府也开始重新认识禁烟的重要性。中国全国性的禁烟，先后有 1906 年到 1917 年清末民初的禁烟（这正是袁世凯执政的时候），以及从 1935 年开始民国政府推行的“二年禁毒、六年禁烟”运动（这时蒋介石的权力基本巩固了）。

后来由于北洋军阀的勒种，和日本侵略者对华推行毒品政策（日本人在华北大肆走私毒品），才使这两次大规模的禁烟运动功败垂成，烟毒不久又死灰复燃。外国租界是鸦片贸易的基地，中国政府以此为理由之一要求收回租界，而为了挡回中国政府收回利权的要求，列强也不得不做出姿态表示禁烟，以表明他们的治理能力高于中国人，作为维护外国在华特权的借口。

根据条约，1919 年英国政府将终结从印度出口鸦片到中国的政策。然而，因为鸦片的利润如此巨大，中国国内又有庞大的需求，走私的问题也就不可避免，上海同样成为鸦片走私的最大基地。当时经营鸦片烟的生意掌握在“潮州帮”手里，因为本身做的是黑色生意，他们不得不接受黑社会的保护和勒索。就是如此，他们走私的鸦片在路上也经常被不同的帮会劫夺了去，这就是“抢土”。被抢得多了，烟土行不得不花一大笔钱请这些抢土的帮会分子来“护土”，有如请原来的劫匪来“护镖”。有种说法是，这些后来被烟土行“招安”的黑帮人物，先后有两拨，被人称为“大八股党”和“小八股党”，大八股党的首领是英租界的沈杏山、季云卿、杨再田等人，“小八股党”的总头领即是杜月笙。

黄金荣的手下暗中也参与“抢土”的生意。入黄公馆不久，杜月笙就碰到这么一桩自家人做“抢土”生意出差错的事。那天入夜了，黄手下抢土的人回到公馆，就大呼小叫开了，说是已抢到了一大麻袋的货，哪知断后的人都先回来了，那运货的却还不曾到，看情形，路上出了差错。此时黄金荣外出，带走了那几个平时负责动刀枪的手下，家中管事的只有桂生姐一个，而涉及烟土的事情，向来是刀口舔血的事情，一般的小伙计是派不出去的。一时间，大家面面相觑，不知计从何出。这时候，只见杜月笙不声不响走出来，低声认真对桂生姐说："老板娘，我去跑一趟吧！"桂生姐一听，瞪了他一眼，深感意外，但转念一想，杜月笙也是混过江湖的，眼下十万火急，别无善策，就同意了。于是杜月笙神情专注地问清了运货人要走的路，便拿了一支手枪匆匆出去。

成名很多年以后，杜月笙有时会对朋友回忆起那一晚的精彩：他一边坐黄包车在街上飞驰，一边也飞快地动着脑筋盘算：这人既然敢于黑吃黑，他要么就是来头大得可以和黄老板叫板，是有意为之，要么就是名不见经传的小角色，临时起意，铤而走险，想钻空子发横财。前者可能性不大，因最近还没有这股苗头。如果是后者，那这人决不会吃了豹子胆，贪图"灯下黑"，呆在法租界，因为这是黄金荣的地盘，他这巡捕房督察长可不是白做的。但是，现在他也不敢在黄浦滩上满街乱跑，因为他心慌意乱之中，带一麻袋烟土，一来太扎眼，二来，想跑也跑不动，此人必定正在慌忙找藏身之处，不可能跑远。此外，当时上海县城的城墙还在（城墙在1912–1914年间被拆除，铺成了马路），一到夜晚便四门紧闭，偷烟土的人也进不去，而法租界他又不敢来，那么，这人肯定是在往英租界跑了，而这条路八九不离十，就是去洋泾浜的路。

洋泾浜是法租界和英租界接界处的一道小河沟，浜南是英租界，浜北是法租界，沟后来成了臭水沟，就填沟为路，即民国时期租界的爱多亚路，现在改名延安东路。

在赶往洋泾浜的一路上，杜月笙都睁大眼睛，左右扫视，搜寻可疑人影。猛地，他发现前边有一部黄包车，走得很是吃重，八成这车里拉的就是那个偷烟土的人。因为一麻袋烟土有一百多斤，再加上那个偷烟土的人，拉车的人力气再大也跑不快。他捏紧了枪，悄悄叫自己的车夫赶紧抢到那辆车前头去，一下子别住那辆黄包车。只见杜月笙一纵而下，将枪口指着车上那人，颇为镇静地说："弟兄，你失了风！快下来吧！"那人一看这架势，顿时魂飞天外，抱着那一袋子烟土，呆在车上竟傻了眼。

看此情景，杜月笙心中马上踏实不少，因为他已经知道此人手中无枪，否则，他就会搂头放枪，哪会如此六神无主。于是，他放心转头去劝那个车夫，交代他这是黄金荣黄老板的事，本和他无关，现在只要再走一程，把车拉到黄公馆去，就赏大洋。那车夫一听是黄老板的人，加上有银洋赏赐，怎敢不听，于是，掉转车头就往黄公馆拉。车上那人一听，如五雷轰顶，连忙哀求杜月笙，请他高抬贵手，留他一条生路。杜月笙却说，你跟我回去，桂生姐最多把你臭骂一顿，不会要你的命，现在要走，我却保不了你的命。于是杜月笙押着一车、一人和一袋烟土，紧赶慢赶回到了黄公馆。果然，看到烟土一两不少回来，桂生姐转怒为喜，在对杜月笙赞不绝口之时，也没有收拾这位贪念横生的手下，只喝令他滚出上海滩。

经此一役，杜月笙在黄公馆的地位急遽飞腾，迅速蹿升为黄金荣的心腹，从此，黄金荣让他参与掌管自己控制的鸦片生意。

随着杜月笙对鸦片走私涉入越来越深，他控制鸦片走私的欲望越来越强烈，不肯再甘居大八股党后头拣零食了。大八股党入道很早，经营有年，他们早就以金钱开道，串通了上海的诸多缉私机构，如水警营和缉私营，以及英租界的巡捕房，让他们对鸦片走私睁只眼闭只眼。甚至到后来，他们从地下走上了台面，公然向烟土巨商大量收取所谓的保护费。潮州烟土帮的阔佬们虽然不得不从，但从此以后其生意有了缉私部门的枪杆子保护，烟土买卖就合法化了，花钱买个平安，也算有一得，这也可以说是“招安”了这帮抢匪。

但二十年代前后，在黄金荣的支持下，杜月笙等人存心扩大自己在鸦片走私上的“话事权”。他认为，我们法租界自己的人有权控制法租界的鸦片贸易，办法，是去煽动和胁迫法租界的鸦片零售商对大八股党“造反”，改换门庭来买小八股党的货。因此杜月笙的小八股党和大八股党火拼得很厉害。

英租界禁烟的日期越来越近，“潮州帮”烟土商在英租界所开设的大土行迟早有一天要关张，早就想另谋他就，而上海滩只有华界和法租界敢继续收容这些烟馆。深明“有土斯有财”的道理，对巨额利润觊觎已久的黄金荣早已心动，想趁机把英租界的烟土生意完全揽到法租界来，就可以坐地分赃了。于是，黄金荣、杜月笙等法租界的势力和沈杏山等英租界的势力约好“吃讲茶”，解决地盘问题。在倚虹楼最好的雅座里，黄金荣请沈杏山赴宴。

据说，这次讲茶喝出火来，双方差点当场火拼。说是黄金荣出了电梯，见了沈杏山，劈面甩手就是一耳光，打得沈杏山眼冒金星，回过神来就要动手，被他的手下死命抱住，他手下连声说，“有话好说！有话好说！”说黄老板您请先回，我随后来登门拜访。这位手下果然第二天登门拜访，和黄达成协议，并且将一辆崭新的汽车连同司机一起送给黄金荣。

沈杏山斗不过黄金荣，而且手下也不愿为他卖命，所以在 1923 年左右，将法租界的“护土”生意拱手让与黄金荣一派。因为怕黄金荣斩尽杀绝，他有段时间还离开上海滩避风头，许久不敢露面。

垄断了法租界的市面、排挤了英租界的势力之后，不数年，黄金荣、杜月笙和金廷荪等人合股成立了一个三鑫公司。这个公司对外宣称是开发房地产，实际上是包揽烟土贩卖生意的烟土垄断公司。公司的幕后老板无疑是黄金荣，但黄有公职在身，当然不便公开出面，所以实际拿主意的是杜月笙，经理是金廷荪。金廷荪是浙江宁波人，精明强干，极会理财。他进黄公馆的门要比杜月笙还早，很受黄金荣的器重，他与杜月笙，都是黄金荣身边的心腹大将。不过，当时的杜月笙，演的还是“武生”，不似后来成为了“摇扇子”的角色，而金廷荪则自始至终演的都是“文戏”。后来，上海滩另一“大亨”张啸林加盟三鑫公司，使得三鑫如虎添翼，很快垄断了整个租界的烟土贩卖。

张啸林是杭州人，本来混迹杭州，在当地名气已经相当响亮。说起来，此人还是个读书人出身，肚子里也有几点文墨，不像黄、杜出道的时候斗大字不识。他年轻时入过浙江武备学堂，后来退学。早年也在上海滩混过，只是没有混出名堂。但二十年代初期，张啸林重返沪上，打算来大干一场。因为他看准了一着棋。

自 1916 年袁世凯死后，中国陷入了军阀混战的分裂局面。在北方，他的一干北洋部将纷纷自立山头割据一方，计有冯国璋、曹锟、吴佩孚等为首的直系，段祺瑞、徐树铮等为首的皖系，以及“绿林大学”出身的张作霖奉系；在南方，有西南的唐继尧和两广的几股地方势力，他们的出身则大多是当年的革命党同盟会，或名义上需借重孙中山的革命旗帜，历来反对袁世凯的北洋系。中国的政坛就是这些人和他们操纵的国会在合纵连横，散布乌烟瘴气。当时皖系的浙江军阀卢永祥，由松沪护军使上任浙江督军，由卢系大将何丰林继任松沪护军使（何丰林名义上受直系的江苏督军齐燮元的管辖，而实际上则事事听命于浙江督军），刘春圃任淞沪警察厅主任秘书，俞叶封调任缉私营统领，而这些人都与张啸林有很深关系，浙江省省长更是他浙江武备学堂的铁党。这些人在台上，无异于给他张啸林指明了一条路：沪上风景正好，风云更待何时！

当然，他也懂得"强龙压不过地头蛇"的道理，赤手空拳，一无所有，在上海滩另开码头，此事甚难，唯有争取黄老板、杜月笙的合作，方可事半功倍。于是他就来拜码头了。

说起来，黄金荣开始并不怎么高看张啸林，而杜月笙则从他的言谈中看出其背景深厚。于是，杜月笙劝黄金荣重用张啸林。其道理如下：第一，张啸林会说普通话，当时左右上海的政治势力，除开外国，就是北洋军阀，而他们大多是北方人，和这些人打交道，讲上海话不灵光，得有一个这样的场面人物来交结北洋要人。第二，张啸林是杭州人，而上海属于浙江军阀的势力范围，卢永祥、何丰林手下的军警要人，皆为浙江籍。张啸林和他们熟络已极，人情往还，不作二选。经杜月笙这番分析，黄金荣对张啸林不由得刮目相看了，因为他正要找一个能与浙籍军阀沟通的人物，以保护鸦片走私生意。

当时的鸦片种植及其税收，已经成为军阀的摇钱树，也是他们必欲控制的生意。1925 年的齐（燮元）、卢（永祥）之战和奉（系）、孙（传芳）之战，实际上是为争夺上海的烟税控制权的较量（所以齐卢之战被时论讥为“小鸦片战争”或“第三次鸦片战争”），湖南军阀为湘西大打出手，也是为那里一千万元的烟税。表面来看，这些军阀开仗的理由，今天是“护法”，明天是“统一”，但如时论所言，“所谓护法者，不过各护其烟，所谓统一者，亦不过志在统一卖烟。”在这种局面中，寻不到军阀靠山，黑帮是不能顺利走私鸦片的。

杜月笙说服了黄金荣后，立即找张啸林会谈，并把张引为生平知己，从此两人即成为焦不离孟、孟不离焦的局面。张啸林既已入了杜、黄一伙，又领了杜月笙的大笔交际费，便去找卢永祥、何丰林关说，促成了军阀、帮会、租界三位一体的鸦片走私联盟。这一来，局面豁然开朗，三鑫公司的势力骤然大增。杜月笙更是踌躇满志，要大干一场了。

从杜月笙操办三鑫公司的运作来看，他实际上具有高明的政治眼光，对于当时的政治变局与自身利益得失的关系心知肚明，并且懂得利用这种格局变动牵涉的关系变动。“关系”，始终是他势力的基础。他还有一个特别的行事方式，就是“有财大家发”。虽然做抢土生意时，也不得不和人白刀子进红刀子出，但他不愿意长此打拼，而是愿意和原来的大八股党“合伙”，这是他和黄金荣大不相同的地方。他愿意“经营”，而不愿意赤裸裸“争抢”，虽则经营也不过是更高级的争抢。经营与赤裸裸争抢不同的是，前者所依赖的，是运用和营造“关系”。可以说，每一次他营造出一道关系，他的势力就增加一分。他结纳利用张啸林，使得他在鸦片走私上具有一统上海滩的局面，就是很好的说明。同样，他的势力深入英租界也是通过寻找、布局人脉来完成的，此事可供一说。

让出了“护土”的生意后，沈杏山“避风”回来，已经有些灰溜溜的景况了，在上海滩风光不再。这时杜月笙却主动出面和沈杏山握手言和，继而在杜月笙的撮合下，沈杏山和黄金荣反而结成了亲家，于是沈杏山对杜在自己落难时不赶尽杀绝反而拉他一把非常感激，就此被杜月笙彻底收服，这是杜扩大在英租界影响的一步棋。

同样被他收服的另一位英租界大亨是赌场老板严九龄。他们交结的缘由，也是一桩趣闻。话说，杜月笙有个开山门的徒弟，绰号“宣统皇帝”的江肇铭（因长相颇似末代皇帝溥仪），某次上严老板的赌场，“宣统皇帝”输得急了，硬是找茬说赌场作弊。严九龄查清江某人不过是杜月笙的徒弟，气不打一处来，他是“通”字辈人物，杜月笙不过一“悟”字辈，他的徒弟都欺负上门了，这口气咽不下。他当场换了脸色，冷笑一声说，看来我这场子是开不下去了，送客！这就是等着他的师父出头（自己不能“以大欺小”）火拼的意思。江肇铭自知闯了祸，大惊失色跑了。别人将此事传给杜月笙，杜月笙一听，也是一惊。

他此时不过是黄金荣的手下，而严九龄当时是和黄金荣一辈的人物，势力也不小，不会善罢甘休。但杜月笙的机智又一次使他渡过了一劫。他迅即将江肇铭找来，同时以最快的速度筹了一笔不小的钱，领着徒弟来到严家，给严九龄负荆请罪，自认管教不严，奉上一笔钱赔偿赌场的损失，恳请严老板开张营业，到时自己一定邀一帮朋友来捧场。话说得不卑不亢，落落大度，也不怕场面。

严老板一看，人家在搭台阶，自己不顺台阶下，要大动干戈似乎也有点小题大做，于是此事揭过不提。杜月笙最难得的，是他自始至终没有让黄金荣出面，替他收拾这场面，而是单枪匹马与英租界的大亨讲和了这件事。这一来不给黄金荣添麻烦，二来给黄金荣造了一个势，使人知道黄某人的手下，现在都可以和英租界大亨“讲斤头”，则黄某人自然高人一等，再次，这件事展现出来的魄力与机智，使得杜月笙具有了从黄公馆独立出来的实力与声望。

虽然避免了火拼，严老板却还是被得罪了，严对杜自此心中存了芥蒂。几年后，杜月笙想将自己的势力从法租界往英租界推进，需要笼络严九龄，几次邀严见面吃饭，严都婉拒。事也凑巧，不多久严九龄有位做军阀的朋友来沪上，住在英租界，却对法租界的洋场甚为艳羡，于是托严老板安排一下去法租界游玩几天，想交几个那边的朋友，尤其想结识杜月笙——这时候杜月笙已经在全国军政圈子中有了“非常够朋友”的名气，各类混江湖的人都以结识杜月笙为荣。

严九龄当场答应下来，名为上海滩“大亨”，连这点事都做不到，岂不塌台？但他心底却直叫苦，因为法租界已经完全是杜月笙的地盘了，没有杜月笙捧场，在法租界哪有什么有意思的场面。自己以前不给他面子，这回连口都难开。正在为难的时候，杜月笙从别处知道了严九龄的窘况，却主动给严九龄送来请帖，邀请严老板和他的朋友赏光，来法租界一晤，到时一定请法租界的众多场面人物捧场，为严老板的朋友接风。严九龄接到这一请帖，真是又喜又愧，也不得不对杜生了敬佩之心。从此之后，严九龄与杜尽释前嫌，成了杜月笙人际关系网络中甘为其用的一颗棋子了。

杜月笙这种处处屈身事人而得以笼络人的待人之道，同样运用于他的赌场经营之中。因为杜月笙的能干，黄金荣将杜由跟班提升为鸦片提运，并负责法租界的三大赌场之一的公兴俱乐部。所谓负责赌场，并不是要杜月笙直接去经营操盘——赌场的经营自有其人。杜月笙的称号是“抱台脚的”，也就是为赌场当保镖，保证不会有人来“砸场子”，为此赌场经营者每月得给杜月笙一笔几十元的“长生俸禄”。“俱乐部”赌场每场输赢万元以上，见十抽一，抽头的大部当然归入黄金荣的腰包，甚至都不会过一道杜月笙的手。

当时的赌场，“砸场子”的来路不外乎两道，就是黑道“剥猪猡”和白道“抓大闸蟹”。所谓“剥猪猡”，指抢劫单身过路行客。当时赌场一般都是华灯初上时渐入佳境，到月朗星稀的时节才收摊打烊，有的甚至通宵达旦、夜以继日。有些精力不济的赌客，赢得钱也不顾“月黑雁飞高”，就急忙忙往回赶，结果在赌场附近就被一些专门伺候着的瘪三逮个正着，钱财一空。这样的事情，赌客最怕，赌场自然也怕，因为长此以往，赌客都不敢临门，手头的钱，反正不是送给其他赌客，就是送给门外请客了。“抓大闸蟹”，则是租界巡捕来抓赌。法租界的巡捕房当然已经被俱乐部收买了，不会来“封门”，但隔段时间为了敷衍舆论（尤其是有人举报上门的时候），还得往俱乐部“串门子”，收拾几个赌客。巡捕为显自己工作成效，往往将他们用绳子连成一串游街，其状有如菜市场里卖大闸蟹，这样一来，一些好面子的赌客就宁愿溜到黑馆子里下注，也不敢来这种门脸光鲜的高级俱乐部冒险。对这两个问题，多年来赌场都拿不出好点子对付，但杜月笙一上任就解决了。

对于“剥猪猡”的，他凭借黄金荣及青帮势力，一一找到那些专干“剥猪猡”营生的头目，吃了几趟讲茶，商定由公兴俱乐部每月从盈利之中抽出一成，交给他们分润，条件是这些人再也不到公兴附近“剥猪猡”，至于到别的地方剥，由得他们，杜某人不挡人财路。他另外和法租界巡捕房（这些人，还不就是和黄金荣黄老板称兄道弟的人？）谈妥了，巡捕房白天可巡视，但晚上请不要来。因为赌场大客户多数参加“夜局”，所以保证“夜局”的安全，也就保住了主要客户。而且，巡捕白天“扫场”，威风八面，官样文章做得十足，何乐而不为？况且，杜月笙对巡捕房的工作十分“配合”，白天专门安排若干青皮、瘪三兄弟在场内等着巡捕来抓，以免巡捕“误抓”了正经赌客，因此，日场的赌客也大可放十二个宽心来尽兴。对于那些被抓的弟兄，抓了当然不会“白抓”，他们前门进去，在捕房里可以很舒心地待几天，然后不声不响地从后门放出来，向杜月笙那里领份子钱。

如此一来，巡捕房、赌客和俱乐部，甚至拦路抢劫赌客的，皆大欢喜，各取所需，赌场生意日渐兴隆，盈利直线上升，黄金荣笑得一张麻脸开了花。杜月笙经营赌场得法，主要是他想到了牵涉到赌场各方的利益，敷衍到了方方面面，他既为赌客“着想”，也为巡捕房“分忧”，甚至连场外“剥猪猡”的流氓的生计都照顾到了，奉行“有财大家发”的原则，结果是人人想到发财的机会，第一个先找杜月笙来掺和。

5. 走出黄公馆

杜月笙在黄金荣手下已经成了数一数二的人物，因此，他不再甘于厕身黄金荣的羽翼之下。他的自立门户，以华格臬路杜公馆成立为标志，这表明他可以和黄金荣分庭抗礼了。

杜月笙和黄金荣的关系，颇为复杂，尤其是到后来，两人已经渐行渐远，隔阂颇深。表面上，杜月笙对黄金荣还是极为尊重，几乎是有求必应，因为，上海滩都知道，没有黄，也就没有杜的今日。而黄金荣以前对杜也是倚为腹心，很多上不得台面的事，都委诸杜。但随着杜月笙自己的场面越来越大，黄金荣不免又妒又忌，而杜月笙对黄金荣也不再是下属对老板那一套了。上海滩上“三大闻人”的排名，从一开始的黄—张—杜，进而变为黄—杜—张，最后定于杜—黄—张，这一变化，可谓杜月笙在上海滩的权力上升之轨迹。

杜月笙在势力和声望上超过黄金荣，以黄金荣六十岁后退出法租界巡捕房督察长为转折点。黄金荣退出这一职位，乃是不得已的事。因为就在这几年他接连“跌霸”（上海话，失面子），再也没有往昔的威风凛凛了。

第一件让他“跌霸”的事，是为讨好一个演员（也是他的干女儿）露兰春，得罪了军阀卢永祥之子，被何丰林抓去关了好几天（此事另有一个版本，但近乎演义小说，此处不提）。这件事上海滩一下子传开了，看来，黄金荣也不是不可得罪嘛，从此黄的气焰灭掉一大截。

第二件让黄金荣“跌霸”的事，对黄金荣声望的损害比第一件还大，事情的原委还是为争女人。吕美玉是上海京剧名旦吕美樵的长女，黄金荣在共舞台把她捧红，花了不少心血，正想着趁机下手将她收于金丝笼中，却有一位法租界的华董魏廷荣先下手为强，将吕美玉娶进家门。魏家势力不小，在“三大闻人”联手以前，他在法租界是最有势力的华人，因为一则他有个好岳家（他元配为大买办朱葆三的长女），二则他手里有一支法租界当局都得倚重的商团武装，可以充当私家军。魏廷荣知道自己得罪黄金荣，不过他自以为地位尊荣，身份不凡，势力也不弱，就算自己踩这些“瘪三”几脚，他们也不能把自己怎样，所以盛气凌人。再说，黄金荣等流氓出身的人，居然要和他并驾齐驱，他心中不免又鄙夷又来气，所以要将他们压住抬不起头。他的办法，就是联合一帮有势力的法租界头面人物，向法国国内当局申诉，说上海法租界巡捕房和黑社会势力相勾结，此事实在有伤法租界颜面，自隳其权威。于是法国政府勒令清查，法租界当局为了撇清自己，只好装模作样挽留一番后，让黄金荣自动退休。和商界上层人物一较量，就显出黄金荣势不如人，脸面丧尽了。

黄金荣两次“跌霸”，杜月笙都极力挽救黄的名声。比如黄金荣要和露兰春结婚，林桂生开始不答应，是杜月笙出面说服林桂生，达成了分家协议。露兰春在黄公馆不几年，春心难锁，和一位大颜料商的二公子薛恒私奔，又是杜月笙等人摆平了麻烦，他们寻到露兰春，恐吓薛恒，要回被露兰春带走的用来要挟黄金荣的秘密公文包。更闹笑话的是，黄金荣儿子早亡，他就和儿媳李志清长期有不可告人的关系，黄公馆的财政大权后来几乎全掌在李志清手里，桂生姐当然愤恨难平，而李志清对杜月笙大权独揽很不满，所以黄金荣这一糟老头子老而好色，为朋友惹出如此多麻烦，也让杜月笙等人非常不耐烦了。据说，在三鑫公司一次内部会议上，有人提出，黄金荣做“扒灰佬”（江浙沪一带民间将与儿媳发生乱伦关系的公公称为“扒灰佬”，青帮帮规就明确规定“不准扒灰”），破坏帮会规矩，不能奉这样的人做老大，黄金荣吓得连忙叫心腹手下商议摆平这件事。

就是经历了几次“跌霸”而由杜月笙给他摆平之后，黄金荣有愧于心，不好再以往日的以上驭下之道待杜，而杜月笙对黄金荣的称呼，也就由爷叔改成金荣哥了。据说杜月笙的长子杜维藩被黄金荣收为养子，这就是黄金荣由于明白实力变化，而不得不与杜月笙平辈论交的遮掩。

到二十年代末期以后，杜月笙和孔祥熙、宋子文、戴笠等“党国要人”攀上了关系，黄金荣虽还是列名“海上三闻人”，但声势比起杜月笙来说，已经一落千丈了，所以，他和杜月笙暗斗得更加厉害。杜月笙的门徒王兆槐担任上海警备司令部侦察大队长，门徒陆京士操纵上海工会，他在军警、特务、工会中的势力无所不在，就难免损及黄金荣的地盘了。比如黄金荣的得意门生，曾当过英美烟厂工会主席的陈培德，想竞选上海总工会主席之职，竟被陆京士指控有共党嫌疑，被警备司令部扣押，黄金荣闻得此事，自是十分难堪。

他怒气冲冲叫人将杜月笙唤到黄公馆，杜月笙踏进黄公馆，恭恭敬敬叫一声金荣哥，黄金荣却大大咧咧卧在烟榻上吧嗒吧嗒抽着烟，侧着身子，屁股对着杜月笙，也不说话。此时的杜月笙，身价早非昔日“黄门侍郎”，更非“黄门小厮”，自南京来的朝堂人物，达官显要，黄浦滩的富商大贾，绅士名流，倘若有求于杜月笙，都得预先约了时间方可一晤，而且多的是这些人登门拜访，岂敢有人再如此给他脸色看？

然而，此时此景，杜却忍气吞声，直挺挺站在黄的烟榻旁看着他的屁股，只是如他一贯的作风，神色不动，镇静非常。因为杜月笙站着，黄公馆旁的一大堆人都只得站着，黄金荣却对旁边站着的一干人努努鼻子：“你们坐啊，怎么都站着啊！”好半晌，黄金荣才终于提起陈培德的事，杜一听，还不知道事情的来龙去脉，就立马在黄公馆摇电话问明情况，放下电话，他脸朝着黄金荣，照旧神色不动、温文平静地低声说道，金荣哥为什么事体发脾气，我已经晓得了。请金荣哥放心，我一定去替金荣哥办好，我决不让金荣哥失面子。对于这个答复，黄金荣虽不能一下子转怒为喜，也只能默然认可。

因为杜月笙是从黄公馆出来的，而他的势力和气派已经凌越于黄金荣之上，黄和杜之间这些细枝末节的不愉快，就始终没断过，这为杜月笙以后的垮台埋下了一个伏笔。

那已经是 1948 年了。抗战胜利，接踵而来的是国共内战，国民党节节败退，各地物价飞涨，蒋介石派俞鸿钧和蒋经国为上海区经济督导专员和副专员，专事打击投机倒把、扰乱经济的不法行为。杜月笙听到蒋经国到上海，马上下请帖请蒋经国，蒋经国不理。此时黄金荣则同样在设法接近蒋经国，不过他之意图，却只是为了在蒋经国面前告杜月笙的状。他派亲信门徒秘密搜集杜月笙“投机倒把、扰乱经济”的把柄，希望借此扳倒杜月笙。只是忙活半天，找不到过硬的证据。他让门人安排宴请蒋经国，蒋经国照样不理。后来可能是因为黄金荣到底是老蒋磕过头的“师傅”，小蒋就勉强答应来黄公馆做客。

席间蒋问起上海交易所内投机倒把的情况，李志清的儿子黄起予就是证券交易所的经纪人，李本人就参与投机风潮，对交易所的黑幕一清二楚，但她却借此机会帮助黄金荣打击杜月笙，就回答道：“交易所是杜家爷叔负责的，由他的三公子维屏少爷管理，我的儿子想申请执照当经纪人，要花十根大条（黄金），向杜家爷叔再三求情，还是花了五根金条。”如果蒋经国有过上海滩生活的经历，或者了解杜月笙之为人做派，那肯定看得出李志清这番话多有不实之词——杜月笙为黄金荣家办事，岂会收他的金条？不倒贴就万事大吉了！可小蒋手里握着尚方宝剑，正欲找几个祭旗的下手，如是很快将杜维屏逮捕关押，此事震动上海，演出了上海滩上蒋经国“打虎放虎”的一场闹剧。在杜月笙，还以为这是蒋经国找上门来的晦气，不知道这是黄金荣翁媳合伙送给他的霉运。

后来上海解放前夕，杜月笙避往香港，黄金荣以老迈为由，不肯离开上海。但他最后还是从杜月笙那里捞到一笔钱。原来，黄金荣一直秘密和杨虎、程子卿等人伙同法租界巡捕房总巡私下做军火买卖，军火卖给了军火商人刘裕章，刘没付款。原本以为刘赖不掉这一笔款，没想到变天来得这样快，刘裕章跑了。黄金荣一生爱钱如命，现在风雨飘摇的时节，还惦记着这一笔十万元的债，要求在香港的杜月笙替他讨回来，为此还派管家程锡文亲自跑了趟香港。杜给了他一个软钉子，要管家去找大少奶奶（李志清）想办法——李志清在上海解放前将黄金荣的家私席卷一空，此时也正在香港。黄金荣不依不饶，派程锡文二次赴港，还接连打了几次加急电报给杜。杜抹不开脸面，最后还是叫万墨林凑起了五万元汇给黄金荣。可以说，终杜月笙一生，他负黄金荣的少，而黄金荣负他则多。

确实如黄金荣所说，他和杜月笙的关系，是“没有我哪有他”。但这只是关系的一面。杜月笙对黄金荣最大的“回报”，是永远奉他为名义上的“老大”，但这也只是事情的一面，而实际上，他的格局和影响力，远远超越了黄金荣。

如果杜月笙不能适时从黄金荣的黄公馆走出来，那么他只是一个二流角色。不得不承认，选择老板是一门学问，看的是眼光，离开老板则需要智慧了，看的是胸襟和气度。最为难处理的，恐怕是和这个以前的老板和平相处。这是江湖，和改朝换代一样，总是有腥风血雨。杜月笙的超越和凌驾黄金荣，办得无声无息。对于实力的较量，他很低调，对于手中获得的权力，他行使，却从不声张，这是他一贯的作风。

青帮没有帮主一说，但在二十年代的短短十年里，杜月笙凭着他的机巧与魄力，统一了上海滩的青帮势力，也统一了英租界、法租界的黑帮势力，成为上海黑社会势力的首领，甚至有人断言，杜月笙乃中国帮会三百年来第一人。的确，黑社会的势力，始终是杜月笙所有影响力的基础。

▲28

图 28 为青年杜月笙，这帧照片应该是杜月笙进黄公馆之后拍的，早已不再是浪荡街头的模样了，收起了混江湖的瘪三流氓气，倒是有些任侠的意思。

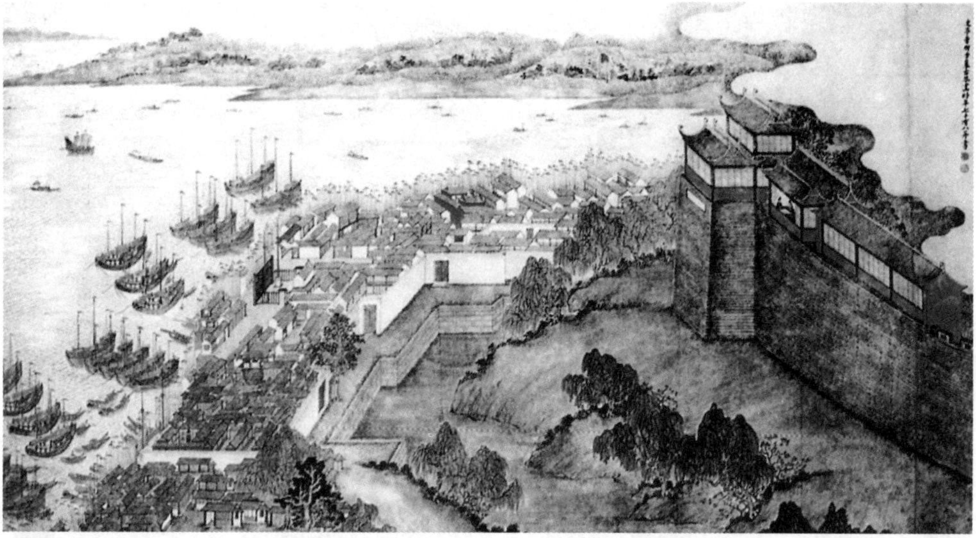

▲29

▲30

图 29 为上海县城东北面的城墙远眺图。不远处就是“舳舻相接，帆樯栉比”的十六铺，杜月笙曾经卖水果的地方，也是杜月笙一生之中重要的转折点，在这里，他学会了市井码头、赌场烟馆的条条道道，为闯荡上海滩积攒下了最初的经验。

图 30 为如今的新十六铺码头。

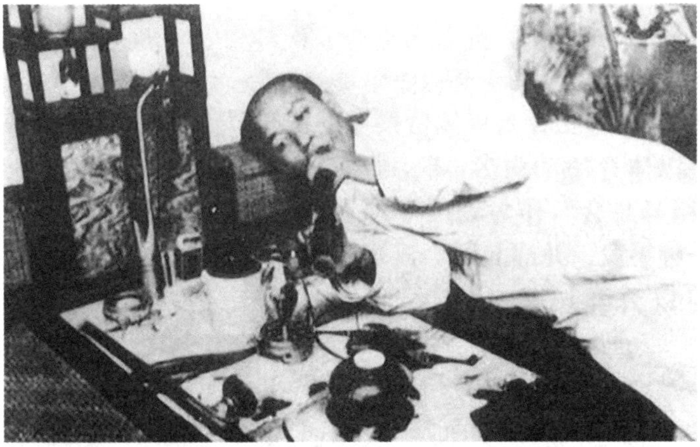

▲31 当时的鸦片消费者

▲32 鸦片制造工厂

鸦片，一年或二年生罂粟科植物草木，高 1–1.5 米，夏季开花，红、紫或白色，蒴果球形或椭圆形。罂粟果实未成熟时，用刀割破果皮，待流出的浆液稍凝固后，将其刮下，阴干，即成为生鸦片。从混迹上海滩开始，杜月笙的一生便与鸦片结下了密切的关系，鸦片是他一生都难以摆脱的一个紧箍咒。

▲33　停泊在黄浦江上的怡和洋行鸦片水上堆栈

▼34　运载鸦片凭单

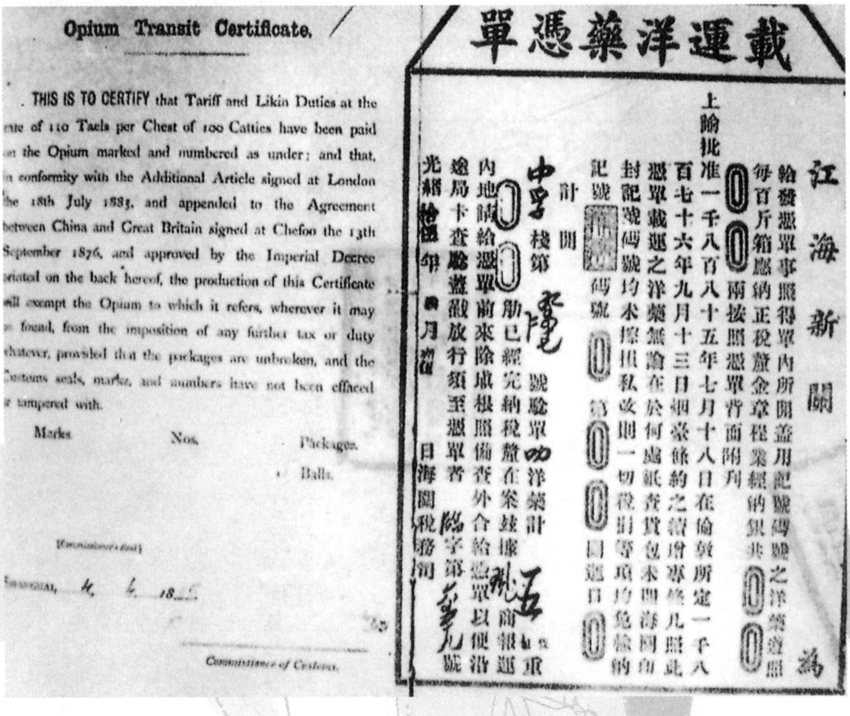

Opium Transit Certificate.

THIS IS TO CERTIFY that Tariff and Likin Duties at the rate of 110 Taels per Chest of 100 Catties have been paid on the Opium marked and numbered as under; and that, in conformity with the Additional Article signed at London the 18th July 1885, and appended to the Agreement between China and Great Britain signed at Chefoo the 13th September 1876, and approved by the Imperial Decree printed on the back hereof, the production of this Certificate will exempt the Opium to which it refers, wherever it may be found, from the imposition of any further tax or duty whatever, provided that the packages are unbroken, and the Customs seals, marks, and numbers have not been effaced or tampered with.

Marks	Nos.	Packages.
		Balls.

(Commissioner's Seal)

SHANGHAI, 18

Commissioner of Customs.

載運洋藥憑單

江海新關　為

給發憑單事照得單內所開蓋用記號碼號之洋藥查照

每百斤箱應納正稅釐金章程業經納銀共　兩按照憑單背面附列

上諭批准一千八百八十五年七月十八日在倫敦所定一千八

百七十六年九月十三日烟臺條約之續增專條凡照此

憑單載運之洋藥無論在於何處紙查貨包未開再同自

封記號碼號均未擦損私改則一切稅捐等項均免輸納

記號　碼號　第　回運日

計開

棧第　號驗單　洋藥計　重

觔已經完納稅釐在案茲據　商報運

內地請給憑單前來除填根照備查外合給憑單以便沿

途局卡查驗蓋戳放行須至憑單者

光緒　年　月　日海關稅務司　字第　號

▲35

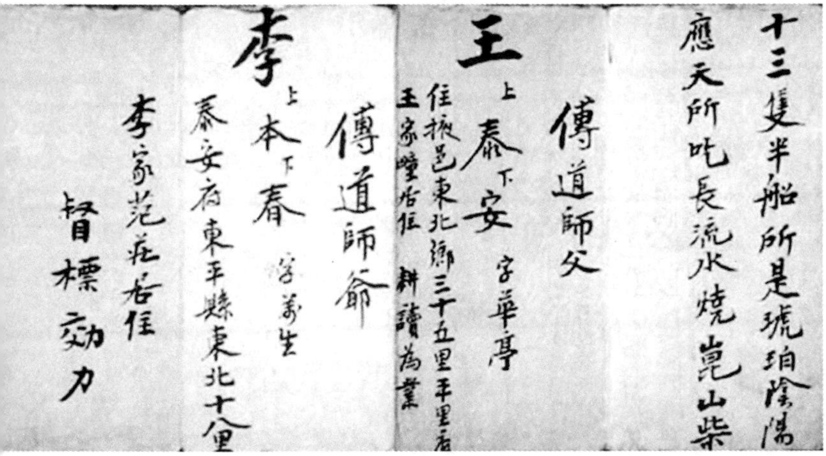

十三隻半船所是琥珀陰陽
應天所吃長流水燒崑山柴
傳道師父
王上泰下安 字華亭
住掖邑東北鄉三十五里平里
王家疃居住 耕讀為業
傳道師爺
李上本下春 字萬生
泰安府東平縣東北十
李家莊居住
督標效力

▲36

▲37

图 35 为弃船上岸，从水上向陆上讨生活的无业者；

图 36 为青帮入会手摺（部分）；

图 37 为“义气千秋”六大亲帮进家纪念章。

青帮是中国历史悠久的帮会，雍正四年间翁岩、钱坚及潘清三人所创。徒众昔皆以运漕为业，故称粮船帮。青帮强调帮中伦理，欲进家门，一般要经过拜帖、寄名、师访徒（三年）、徒访师（三年）和学习（一年）七年进家的规矩，才算是正式的潘家子孙。进家之后经过小香（三年）、大香、法香堂三个阶段才能独立收徒，独当一面。以现代而言，不一定受七年进家的限制。清末民初，海运大兴，青帮帮众多弃船上岸，活动范围由水上转移到城市，人员构成也发生了变化，从以水手为主转变为以城市地痞流氓为主，尤其在上海，青帮的一些入会规矩也有了些变通。

清帮的辈分排行分为前二十四代、后二十四代、续二十四代。上海黑社会的“三大亨”在青帮里的辈份不算高。杜月笙是拜“通”字辈人物为老头子，所以只能算前二十四代“大通悟觉”中的“悟”字辈。张啸林拜上海青帮“大”字辈樊瑾丞为“老头子”，因此为“通”字辈子弟，比杜月笙大一辈。黄金荣一生没有正式投过帖子，开过香堂、拜过老头子，是个货真价实的“空子“。

青帮帮规严格，传说中有十大帮规：不准欺师灭祖；不准藐视前人；不准提闸放水；不准引水代纤；不准江湖乱道；不准扰乱帮规；不准扒灰盗拢；不准奸盗邪淫；不准大小不尊；不准带发收人。

▲38

◀39 黄家花园蒋介石题字的四教厅碑刻

▲40

▲41

图 38 为黄家花园正门；图 41 为黄家花园现在的正门，门上的飞檐斗拱还在，只是招牌已经变成“桂林公园”了；图 39 为黄家花园蒋介石题字的四教厅碑刻，碑曰：子以四教，文行忠信，诗书六艺曰文，礼道于身曰行，尽己曰忠，待物以实曰信。图 40 为黄金荣及家眷在黄家花园留影。

对于黄金荣来说，这座黄家花园是他人生巅峰的象征，位于园中央的“四教厅”（四面厅）面积 250 平方米，四面广开门、窗 88 扇，门、窗、檩、椽、柱、梁饰有隋唐戏浮雕，结构严谨，造型别致为江浙地区罕见。厅面南，五开间，砖木结构，呈十字形。厅四周的门、窗、梁、柱、檐刻有“文、行、忠、信”的历史故事浮雕，刀法高超，图案精美。然而，即使有蒋介石亲题的“文行忠信”为点缀，黄金荣的人生也在这里走向了衰落，但是对于杜月笙来说，这里，才意味着开始。

图 42 为处于人生巅峰时期的黄金荣，顾盼自雄；图 43 为法租界中央巡捕房。黄金荣比杜月笙大 20 岁，杜月笙在黄公馆当提包手下的时候，黄金荣已是叱咤上海滩的头面人物，成为了法租界巡捕房唯一的华探督察长，在上海滩可谓呼风唤雨。而后起之辈杜月笙，就在黄金荣的眼皮子底下，迅速崛起，一举取代了黄的地位。

42▶

▼43

44

45

图 44 为 1928 年的上海外滩，图中右侧是纪念欧战的和平女神像；图 45 为繁忙的黄浦江外滩段；图 46 为黄浦滩上的建筑群，万国建筑博览群已然成型。20 世纪 20 年代后期到 30 年代的外滩，已经是一派马路平阔、河道宽敞、楼宇栉比的繁华景象了。杜月笙也是在此时到达人生的巅峰，他见证了这片滩涂发展的历程。

46

47▶

▲48

▲49

图 47 为杜月笙；图 48 为张啸林；图 49 为黄金荣；图 50、51 为三鑫公司的办公地点，当时的杜公馆。

三鑫公司的成立是杜月笙在上海滩崛起的重要事件，这意味着杜月笙开始在上海滩的鸦片生意中占据了大头，而鸦片生意也为杜月笙的发展奠定了雄厚的基础。这家公司是杜月笙借助张啸林的势力和黄金荣的影响力建立起来的，但是最重要的仍然是杜月笙，三鑫公司的办公地点就设在杜月笙的公馆。

50►
三鑫公司的办公地点，新乐路八十二号

51►

图 52 为上海静安寺墙壁上的偈语“诸恶莫作，众善奉行”。

胡兰成曾化用这句上海几乎人人皆知的偈语，用“无恶不作，众善奉行”一语来概括杜月笙、黄金荣之流的品行，这一化用，真真令人叫绝！将杜、黄之流大善人与大恶人的矛盾融于一偈语之中，佛若知晓，怕也叫妙。

▼52

白手套

第三部

第三部

白手套

杜月笙从高桥镇爬到十六铺，又从十六铺攀到黄公馆，甚至从黄公馆走到杜公馆，这些经历，虽然传奇，但也不过是重复了很多上海滩上别的“英雄”的传奇。只有在杜公馆，杜月笙“站”起来了，而且是以一种非常优雅的姿态站着，这才是杜月笙自己的精彩“传奇”。

在杜月笙以前，上海滩上的“白相人”，不管在帮不在帮，虽然也能够呼风唤雨，但是绝对没有人能够像杜月笙那样跻身“上流社会”、“绅士阶层”。换言之，不管这些人多么“风光”，他们仍然是“流氓”。但杜公馆的杜月笙，再也没有人称他为“流氓”了。你可以叫黄金荣“黄老板”，黄金荣会很得意，你可以称张啸林“张大帅”，张啸林会很神气，但你绝对不能称杜月笙为“杜老板”，或是“杜大帅”——“叫我杜先生。”这是杜月笙的要求。

从黄公馆走出来的杜月笙，已经“脱胎换骨”了。他不再想做“白相人”，更不想做“瘪三”，甚至连“帮会首领”这样的头衔他也刻意淡化。他真正想做的，是一个绅士，他真正想要的，是别人发自内心的尊敬，而不是源自恐惧和厌恶的敬畏。或者说，中年的杜月笙看到了一种比简单的黑社会暴力更为迷人的权力，看到了一个比黑色的上海滩更为广阔的上海，那是金色的上海，白色的上海，是从气派典雅的高档商务大厦里，从警备森严的宽敞官衙里，展现出的另一个上海。那是上海滩真正的权力所在，坐在那里，才真正可以俯瞰到这个巨大迷人的城市全部的风景。

就在十几年前，他还拎着枪在深沉的夜色里追赶、抢夺别人的帽子、钱包和烟土，握着水果刀伺候来别人的一点点笑脸和满意。现在，这些都留给别人去做吧，他要做的，是在杜公馆轻轻踱着慢步，在名流的宴席上侧耳倾听，在密室里发号施令。为了做一个绅士，他戴起了干净的白手套，不再让自己的手劣迹斑斑地展露。

所有的这些转变，也许都来自他和曾在上海滩混迹的另一位传奇人物的相遇。那是蒋介石，曾是黄金荣的门生，曾在上海滩的交易所里从事失败的投机，曾在上海滩穷困潦倒，一度拜入青帮做了白相人。现在，他却已经隐然成为中国的最高统治者，他的影子几乎覆盖了整个中国的命运，当然更笼罩着上海滩的阴晴。杜月笙看到了蒋介石身上发生的奇迹般的转变，他不能不为之艳羡，为之心动。

1. 初识蒋介石

就在杜氏祠堂开祠典礼的同一年，袁世凯的二子袁克文（寒云）卒于天津，年仅四十二岁。他的谢世实在具有象征意味，他不仅是一位青帮“大”字辈的人物，也是北洋时代的典型人物。此时，随着1928年国民政府定鼎南京和张学良的东北易帜，北洋势力已经退出了中国的政治舞台，而青帮“大”字辈人物也退出了江湖，取而代之者则是南方崛起的新军政势力，和杜月笙为代表的新江湖英雄。上海风云为之一变。此时南方军政势力的新代表人物蒋介石，正在北京、奉化、杭州、上海、南京、南昌这几个城市穿梭，正在谋划他一统中国权力格局的宏伟计划。

尽管1928年张学良“东北易帜”使得袁世凯开创的北洋军阀主导中国政局的局面（“第一共和”）归于消灭，南京国民政府奉孙中山开创的新革命传统为正统（“第二共和”），中国统一于青天白日旗之下。然而，由中国共产党领导的共产革命又兴起了，他们在全国各地都开辟了武装割据的根据地，一种新的来自革命的政治合法性正在中华民国内部滋长，十八年后，终于成长为中华人民共和国（“第三共和”）。除了这誓不两立的“红白”之分外，那些新崛起的号称效忠于青天白日旗、服膺孙中山三民主义的军政巨头，却仍然无法形成一个稳固的权力中心，这些志在实质上统一中国的势力，计有蒋介石的黄埔系，李宗仁、白崇禧和黄绍竑的新桂系、冯玉祥的西北军、张学良的东北军和阎锡山的山西部队，至于云贵川与西北马家军等杂牌部队，则只有观战的份。

蒋介石无疑是最有实力统一中国的人，不仅因为他掌控着中国最精锐、最有朝气的以黄埔军校学生为骨干的中央军，更重要的是，他巧妙地将自己塑造为新的中华民国法统（即“第二共和”）创立者孙中山的事业继承者和“遗嘱执行人”（他每天都在念叨“总理遗教”）。他成了“中央”的合法代表，他的黄埔军被称为“中央军”，所有反对他的人都被称为“反对中央”，所有试图踢开他另建政府的行为，都被其掌控的主流舆论斥为“另立中央”。这是那些所有反对他的人最为气闷、最无能为力的罩门。李宗仁尤其愤懑，因他自认实力、才干、人品绝不在蒋介石之下，却总输在“反对中央”这一套让他底气不足的说词之下。经过二十年代的大革命，除了法统的更替之外，中国政治中另一个新的现象，就是“党国”体制的形成，——现在所有的政治权力，在形式上都得依附于党的决议，而不是如袁世凯时代依附于袁个人的权威（袁禁止军人入党，此时则所有重要的军人都得入党）。虽然实质上党的决议不过是军事实力的外衣，随时都可以换洗一遍，但有时候政治的形式，会反过来决定其内容。

直到1931年，蒋介石仍然无法完全掌控中国国民党的“党国”体制，也就无法稳定地掌握最高权力，其标志是1931年他和胡汉民因为“约法”问题导致的冲突。在他软禁胡汉民之后，国民党各派反蒋势力联合起来，迫使蒋介石不得不黯然辞去本兼各职（国民党中央执行委员会政治委员会常委、南京国民政府主席兼行政院院长、国民革命军陆海空军总司令），仅保留其中央常务委员的名分。

然而，正是从1931年起，蒋介石通过避开党务、专心“剿共”（“围剿”中共的革命根据地），进而通过“剿总”和“委员长行营”等军事机构，渗透进地方党务、政务体系，架空了汪精卫等人领导的中央党政机构，最终在1935年稳固地掌控了中国的最高党政军权力。1929年蒋桂战争爆发前，蒋介石在中央陆军军官学校的一次演讲中公开讲，不是校长我说大话，现在的中国，够得上做我对手的，文的只有一个汪精卫，武的只有一个冯玉祥，“李白”（李宗仁、白崇禧）之流，我的总攻击令一下，一个月之内可以扫平。蒋介石的杀手锏就是金钱收买对手的部下，1929–1930年，李和冯这几个有枪的对手都败在他这无往而不胜的致命一招下，而有党的汪精卫和胡汉民则需假以时日才能打败。

蒋介石与杜月笙命运的相遇，始于1927年上海国共之间那一场血腥的分裂之中。1927年上半年，驻于江浙一带的蒋介石、驻于武汉的汪精卫已经成为国民党中分庭抗礼的两大势力。此时蒋介石一心反共，当他以国民革命军总司令的名义率北伐军挥师上海时，上海已经在中共领导的工人武装手中。北伐军要打倒的北洋军阀，正是黄金荣、杜月笙、张啸林三“闻人”历年来做鸦片走私的靠山。自生自长了多少年的上海滩，一直在小心地避免卷入中国内陆习以为常的战争，现在却不得不成了中外新旧各种政治势力较量的角斗场。

张啸林和北洋军阀的关系很深，对于从南方崛起的新的政治势力一直难以全心迎合，黄金荣和杜月笙则看到了一个新的时代和新的格局的来临，毫不犹豫地开始和这股新势力携手了。蒋介石的北伐军一进入江浙地带，就开始派杨虎、陈群等人联络黄金荣等帮会势力，以对付上海工人武装。这帮人充当了镇压工人纠察队的打手，因此他们被讥为“虎狼成群”。

1927年4月，杜月笙与黄金荣、张啸林组织中华共进会，为蒋介石镇压革命运动充当打手。4月11日晚，他设计骗杀了共产党员、上海工人运动领袖汪寿华（据说汪寿华也是在帮人物）。这件事，发生在杜公馆，后来汪寿华是被杜月笙手下的四大金刚活埋在枫林桥附近——杜月笙交代的：“不要做在我家里！”在暗害汪寿华之后，杜月笙随后又指使流氓镇压了工人纠察队。手法也很巧妙：一批青帮分子（他们中也有工人）假装和工人纠察队发生冲突，这时候国民党军队则以第三方身份介入，要求双方都放下武器，于是工人武装被解除，但青帮分子的武器很快物归原主。

这时候，军方声称在工人纠察队中有北洋军阀的乱兵，因为发现他们有些人有北洋军队的肩章和军服。这是事实，但这是工人纠察队在上海起义期间缴获的战利品。于是军方以镇压北洋军阀残部的名义镇压了工人武装。这个计谋，据说也是杜月笙设计的，可见他的确诡计百出。后来杜月笙对自己暗害共产党工人领袖一事讳莫如深，据说有两位记者试图报道这件事，结果两人连人带稿被灭掉了。上海解放前，杜月笙害怕共产党翻老账，所以当黄金荣决定留在上海的时候，他转往香港。为了“统战”，共产党在上海的统一战线负责人潘汉年托人带信给杜月笙，说共产党既往不咎，希望他回上海，而蒋介石临去台湾却还召杜月笙去南京面谈，劝他跟国民党去台湾，提醒他别忘了当年的“清共”，共产党不会放过你。1927 年的抉择，对杜月笙来说似乎不难，1949 年的抉择，却足以使他举棋不定。

事变之中，杜月笙、黄金荣、张啸林等帮会建立的功劳不小，所以他们获得蒋介石的支持和赏识。蒋介石一到上海，就召黄金荣、杜月笙等人到北伐军总司令部面谈，对他们温勉有加。蒋介石送了黄金荣一块纯金怀表，黄金荣宝贝得不行，平时舍不得戴，非得在节假日或有喜事的时候才亮出来。这时候，黄金荣看到自己以前的门生如此威风，得意非凡，但蒋介石现在已非昔日浪子，黄金荣很识趣地托虞洽卿将蒋介石昔日落魄时的门生帖退还给蒋介石，不敢再以老头子名义和蒋介石论班辈了。蒋介石收回这门生帖子之后，还是称黄金荣为老师，在他 1948 被共产党打得焦头烂额的时候，来到上海，正碰上黄金荣八十大寿，蒋介石亲自上门拜寿，还单腿跪地给黄金荣端端正正磕了头，黄金荣感激得老泪纵横。

1928 年南京政府成立后，蒋介石任命黄金荣、杜月笙为陆海空军总司令部顾问，军事委员会少将参议和行政院参议，这虽是虚衔，但杜月笙觉得非常有面子。当聘书和少将军服送到杜公馆的时候，杜月笙很郑重地摆上香案，行三鞠躬礼。然后，他还特意穿上军服在屋里走来走去，满面生辉，还照了张半身像，将相片装框上架挂在墙上。

随后，杜月笙走到了他一生最重要的转折点。因为官拜少将之后要“谢委”，而蒋介石决定单独在南京召见杜月笙（未召见其他两位“闻人”）。1928 年，杜月笙怀着辛酸的喜悦，激动地来到了南京，中国新的政治中心。章君谷的《杜月笙传》中说，杜月笙和蒋介石的这一次相见，“对于杜月笙的一生，实有极大的影响，往后他奋斗挣扎，迎头赶上，其阴暗面的逐渐消退，光明面的迅速滋长，他所凭恃的原动力，无非那次晋见。”

这一年，蒋介石四十一岁，杜月笙四十岁，一位是如日中天的“政坛明星”，统一中国的“新希望”，一位是多年来混迹底层，满手污迹的黑社会枭雄。以地位而论，两者不啻天壤之别，然而他们都有一段灰色的人生轨迹。蒋介石成功地抹去了他那一段惨白的不堪人生，杜月笙还正在挣扎，看到蒋介石的今朝，他仿佛看到了另外一条更为光彩的大道铺在他的面前。他想漂白自己的人生，一直都是如此，然而，在看到蒋介石身上的“传奇”

之前，这种漂白从未离他如此之近，如此之真切。

如果翻阅蒋介石的日记，可以看到壮年的蒋介石始终在痛苦和矛盾中挣扎，道德的自勉和自责、人欲的冲动与压抑、权力的诱惑与挫折、国事的屈辱与有为，阴暗和光明的交战，无不汇集于此。审视他的所记，是充满伦理说教和自勉的曾国藩日记的翻版，然而，观察他的所为，却是一部厚黑大全，权谋，阴狠，暗杀，收买，欺骗，笼络，排挤……这些是他从未放弃的黑暗一面。晚年的李宗仁在美国做寓公，对人回忆起蒋介石，仍不禁翘起大拇指：蒋先生的权术，真的是了不起！佩服！无人能及！

一匹斑马，能否洗掉他身上黑色的条纹？蒋介石用他的“功业”——他惯常披着一件黑色的大氅——将他的黑色，也是政治的黑色，掩盖了起来，杜月笙却缺少这样的“道具”，也缺少蒋介石所驰骋的中国这个大舞台。在一个有组织的大规模暴力时代，杜月笙的那点暴力组织不免相形见绌，最多在上海滩摆摆场面。然而，杜月笙自有他的道行——他可以依附于其上，屈身侍奉之，因而利用之，这却是他最擅长的成长之道。为了漂白他的人生，杜月笙戴上了“白手套”，却不得不，或许是甘于，让自己成为别人的“白手套”和“夜壶”。

自此之后，杜月笙都认为自己是蒋介石的同路人，直到抗战胜利之后国共再度决战。蒋第一次下野，住在上海杨虎的俱乐部里，杜盛情招待过他，据说还给过蒋介石钱。不过，杜自己对送钱给蒋的事，向来讳莫如深，别人来问，他也支支吾吾，不敢正面回答，怕蒋介石不高兴。蒋介石交代下来让他办的事，他会全力以赴地办成，而且对蒋有求于他，他感觉受宠若惊。当然，蒋介石对他也不错，他有事求蒋介石的时候，蒋介石也轻易不敢回绝。

杜月笙是个非常有分寸的人，一般的事情，他不去麻烦蒋介石，只有各种办法用尽都摆不平，而且那些通天人物都无法可想的时候，杜月笙才会亲自出马去求蒋介石。

1931 年 6 月的杜祠典礼，送来的所有牌匾中，杜月笙最看重的就是蒋介石的那一块以国民党委员长、国民政府主席身份送来的“孝思不匮”。这标志着杜月笙的影响力和蒋介石的政治权力的交集。

2. 党国的“白手套”

1927 年的时候，蒋介石尚需要借重上海滩的青帮势力来扫平中共的力量，这是上海滩的政治生态决定的。国共合作的国民革命一大口号就是反对帝国主义，而上海无疑是帝国主义的展示橱窗，不过，这橱窗里装的不仅有一般的洋货，更有真刀真枪。“大革命”来临的时候，连英国这样老牌的帝国主义分子也深感一个新的时代已经来临，他们的在华特权恐怕将永远终结了，但他们决不肯将这些特权拱手相让，而是像豪猪一样张开了他们的铁刺，做出了吓人的模样，对于任何中国军队开驻到上海附近，他们都表示“关切”与“抗议”。蒋介石此时无力也无心对抗列强，为了避免刺激上海租界里的洋人买办们，他不敢真正在上海发动大规模军事进攻，就像 1927 年北伐军进入山东时，面对日军的暴虐挑衅，他命令部队绕过日军北上一样。

蒋介石和他的一帮党国要人们有太多的地方需要借重杜月笙，因为他们有如此多的黑暗面，需要杜月笙来遮挡，来涂抹，来完成。不过，杜月笙伸出黑手来也总是那么“斯文有礼”，决不会如张啸林之流赤膊扬拳，三字经不离口。他用心计，用神不知鬼不觉的手段把人家收拾掉了，轻轻松松拍拍手，用干净的毛巾优雅地擦擦手，然后环顾四围，像没事人般踱着慢步。你绝对不会觉得他很可恶，因为，绅士才是他想要的面目。杜月笙贩卖鸦片，是上海滩众所周知的事，但杜月笙精明的地方就在于，他干什么事情都绝对不会弄脏自己的手。所以，三鑫公司的存在是铁板钉钉的事，但三鑫公司到底有几个巨头操纵，甚至三鑫公司实际从哪一年成立，都没有定论。大致说来，是在 1925 年年中（也有人说是 1918–1919 年之间）。自从和南京的要人们搭上关系，他贩卖鸦片的生意做得更为隐蔽，或者说，更为“公开”——他摇身一变，成了南京政府半官方的鸦片公卖政策的组成部分，其黑色生意蒙上了政府“招安”的外衣，这一结合所谋得的收益，主要为蒋介石的“剿共”战争提供额外的经费，蒋在南昌的军事司令部控制的“湖北特税局”，即是一个官方的鸦片贸易机构。

杜月笙在社会上后来是以“大善人”的面目出现的，这是因为他的确做了不少慈善事业。不过虽然他有做善人的时候，但绝对没有人真正以为他是好欺侮的。别人对他的敬畏或者惧怕，是来自于市井流传的关于他手毒的种种故事。这些故事，虚虚实实，或许对杜月笙竭力营造的良好名声有所毁损，但也并非对他毫无用处。因为通过这些故事传达出来的形象，使得一般人，不管多么有势力，对杜月笙都不敢轻视，不敢动他的主意，从而无形中为他的崛起和扩张扫清了不少潜在的障碍。他也正是利用这一面为南京国民政府的党国要人充当“白手套”。

杜月笙曾经想暗杀宋庆龄，这是军统特务沈醉披露的密闻。在蒋建立南京国民政府之后，宋庆龄和国民党左派人士与蒋分裂，积极组织反蒋活动，蒋介石对宋庆龄仇恨万分，多次想下毒手，只因怕受到全国人民的指责（尤其惧于宋美龄的反对），才迟迟未敢下手，成天派大批特务在她所住的法国公园附近莫里哀路住宅前后进行监视。蒋介石叫戴笠派上海行动组长赵理君（化名陶士能），于1933年6月间，将中国民权保障同盟执行委员兼总干事杨铨（字杏佛）打死在离宋宅不远的亚尔培路，这是杀鸡给猴看。宋庆龄似乎知道这些伎俩出自蒋介石，她也藐视不顾，依然反蒋如故。后来蒋介石狠了心，让戴笠动手消灭宋庆龄。戴笠和沈醉想了个办法，想以制造交通事故的方式将宋庆龄撞成瘫痪，只留她一条性命，让她再无反蒋的精力。这个计划中杜月笙参与很深，他给沈醉弄到了一辆构造十分结实的德国小车，挡风玻璃也换成了子弹打不透的保险玻璃。沈醉试了一下，车子很好，只等戴笠一声令下，就可马上出动。事先沈观察了宋庆龄每次外出通常经过的几条马路，认为从她的住宅经环龙路、华龙路到霞飞路口等处下手最为适宜，因为法租界巡捕房内都有杜月笙的熟人，出事后疏通也方便些。但后来因为怕弄得不好撞死了宋庆龄，不好向宋美龄交代，这个计划就打消了。从此事可见蒋介石的心狠手毒，连“先总理”的遗孀他都有心除掉。杜月笙则只要是蒋介石交代下来的任务，不管多么伤天害理，他也敢干。他们两位的流氓作风如出一辙。据宋庆龄后来说，蒋介石就是一个流氓，如果不是娶了宋美龄，信了基督教，他只会比这更坏。据江南的《蒋介石婚姻生活考》说，蒋介石为了与宋美龄结婚而与陈洁如离婚，杜月笙即是调解人之一，他向陈洁如提供了一笔钱并担保其往美国定居。上海公共租界警务处的文件也显示，杜月笙还帮孙科（孙中山长子，曾做行政院院长）了结绯闻——用现在的话，该称为“性丑闻”了。

他替宋子良了结风流案是同样的事。宋家和孔家是蒋介石的两大钱袋子——蒋介石的金钱攻略就是靠他们来筹集钱财——其势力自然值得杜月笙巴结。当年宋子良在上海滩，其名声虽然比不上他哥哥宋子文和三位嫁予党国政要的富贵姐姐，但毕竟是皇亲国戚，豪门阔少，也算得上炙手可热的人物。这个流氓公子玩弄了一位张姓舞女，玩腻之后就急欲抛弃，而这位张小姐却以自己怀了宋子良骨肉相要挟，欲得巨款，声称要将此事捅到报界去。宋子良见事情不妙，便请杜月笙帮忙。杜月笙一口答应此事由他出面解决。他准备怎么解决？这回可绝不是由他出钱来给宋子良擦屁股。他让这舞女到他办公室来见他，到了后杜派人将这位红舞女神不知鬼不觉地绑架了，装进麻袋，待天黑后，把她抬上小火轮，驶出吴淞口外扔进了长江。她连她肚子里的孩子，一起葬身鱼腹，连半个银毫子都没见到。这种手法，叫“种荷花”。杜月笙就这样心狠手辣地以两条人命的代价，为宋子良“干净利落，不留后患”地解决了一桩风流案。两年后，法捕房副总监饶伯泽在处理刺杀大世界经理唐嘉鹏案件时，意外地发现了张小姐遇害的一些线索，经过他亲自侦查，终于掌握了全部内情。但此案涉及国民党政府显要人物宋子文、宋美龄的弟弟，饶伯泽不敢擅自行动，打电话请示法国政府，法国政府当局也不想为一个舞女与国民党政府搞僵关系，故迟迟不予答复。这两条人命也就沉冤黄浦江底了。

宋子文1933年在上海车站曾险些被“暗杀大王”王亚樵派人暗杀，此后，每次宋经过上海时，杜月笙必派自己的手下严密护送，保护其安全。还有一次，宋子文从美归国途经上海，杜月笙为了讨好宋，特举办盛大的招待会。会上杜月笙要致欢迎辞。因为杜是毫无文才的，这篇欢迎辞托了别人写出，几易其稿，终于写到切合杜月笙的文化程度（不能太雅也不能太俗）。然而杜还是怕闹笑话，塌了场面，于是花了十天的时间，每天在家，不见外客，来背诵这篇不长的稿子，还请了在法租界当局任职翻译（也被杜聘为顾问）的杨志雄做听众，随时纠正，这才上台去讲话。其讨好国民党新贵的用心不可谓不良苦，当然，其所得也不可谓不丰硕。

宋子文当财政部长时为开发财源，趁着“航空救国”说盛行的时候，推出一种“航空奖券”（类似于今日之彩票），他将这奖券交给杜月笙包办发行，这是坐等发财的独门生意。杜月笙这时候为了“放下屠刀、立地成佛”，已经渐渐淡出烟赌生意，一帮靠着他主持烟赌为生的兄弟部下日子都不好过了，比如当年一起办三鑫公司的老搭档、亲家金廷荪。杜将这机会送给金廷荪，让金发了横财，转而有本钱包下黄金荣的大舞台，终于干上了正经营生。金廷荪知恩图报，耗资三十余万美元，1934 年在杜美路建造了一幢花园豪宅，送给杜月笙。新公馆主楼装饰奢华，餐厅、客厅、宴会厅舒适典雅，陈设均为法式家具，但大花园是中式庭院风格，恰好与爱穿长衫的“上海法租界公董局华董”杜月笙的身份相吻合。可惜，当杜月笙准备搬新公馆时，恰逢“八一三”事变爆发，于是“杜公馆”主人杜月笙一天也没有在此住过。抗战胜利后，杜月笙将此别墅送给戴笠作为军统办公场所，戴笠为了表明自己不占敌产，也就住进来了。后来，杜月笙以 60 万美元（一说 48 万）把房子卖给了美国新闻处。这别墅就是现在上海新乐路 167 号的东湖宾馆。

杜月笙为了营造和孔祥熙的关系，更是挖空了心思。抗战胜利后四川发生水灾，四川省参议会议长向传义和何北衡来上海募捐，先找市长吴国桢商量，吴推得干干净净，说他们来迟一步，刚有苏北等几处来募捐过了，大乱之后上海财力也有限得很。这两位于是去找杜月笙，希望杜出面募捐。杜月笙当场就拍胸脯保证："我们在四川吃了几年的饭，今天四川有灾，不帮忙还算什么人！"没几天他就募到了一笔巨款。本来他将钱交出就可以了，但他利用这个机会大大地给了孔祥熙一个面子。他向孔祥熙说明了四川募捐而吴国桢不肯帮忙的经过，说自己愿意代办，但要孔祥熙出面。孔祥熙不费一文不动一指就可以得到这"大善人"的名号，当然是乐颠乐颠。于是，他照杜月笙的安排，请四川代表和吴国桢等人到家里吃饭，席间孔祥熙照着杜月笙给的台词，冠冕堂皇说了一番同甘共苦，倾力相助的漂亮话，说完便"吩咐"杜月笙说："这件事我已经关照月笙马上去办，一定要对得起四川同胞！"杜月笙便站起来很诚恳地表示："既然院长这么关心这件事，月笙一定遵命去办。"这件事当然孔祥熙很有面子。但最重要的，还不只是给孔祥熙面子，而是由孔祥熙出面，吴国桢才不会塌面子。如果杜月笙冒冒失失来发起募捐，吴国桢推掉的事，他杜月笙捡起来，那等于说吴国桢不够仗义，比起杜月笙远不如，那吴国桢的面子往哪里搁？一般人知道此事，只看到杜月笙巴结孔祥熙的一面，却没看到他不得罪吴国桢的另一面。

因为杜月笙捧孔一向肯下功夫，孔也就对杜另眼相看。如 1947 年杜月笙的儿子维屏、维新两人在上海丽都花园同一天举行婚礼时，孔祥熙当证婚人，当着一千多各界名流的面，将杜月笙捧到了天上。而且，杜月笙求孔祥熙办事，只要给足了价钱，孔总是办得特别痛快。

过去，杜月笙在上海滩走红时，包揽了上海滩的鸦片生意，获得了大量的红利。抗战之后到了香港，没有了大宗收入供他挥霍，只好重拾老本行。他在香港和几个大鸦片烟贩子进行谈判。这些人都知道只要杜月笙出面张罗这桩生意，那肯定十拿九稳，没有风险，所以都愿意先付巨额定金，向他购买。于是他和戴笠商量，戴笠不但同意他做，还保证做烟土"护法"，由他护航将大量烟土护送出口。于是他们合伙成立了一个专门搞这门生意的港济公司，分别在重庆和香港设立机构，表面上是由顾嘉棠来负责。

港济公司成立后，香港的大烟贩子便争着向杜月笙定货。在1939年期间，法币还没有大贬值，他就接洽了三千多万元的定金。这些人都很相信杜月笙，认为他做这生意是"通了天"的。然而，杜月笙承揽了这笔生意，拖了一年多还没有法子交货，直至太平洋战争爆发，香港沦陷，此时很多下了定金的人有点后悔莫及。似乎"杜先生"的信用可能有危机了。

实际上，戴笠早把这大宗烟土准备好了，但最后还有一关没有打通。当时在蒋管区内走私贩毒，军统局长戴笠势力广大，大可自行其是，但涉及"出口"大宗毒品，这就必须得有财政部发的证明文件才能通行。向来财政部如果不是宋子文，就是孔祥熙在掌管，而现在就不巧得很，是孔祥熙当财长，他和戴笠有过节，所以戴笠一直没弄到这张执照。及至杜月笙从香港转移到重庆，得知这一内情后，就筹划开了。有一天他把范绍增找去，把这一切经过都告诉了范，并吩咐道："这个，你去送给孔祥熙。"范绍增接过一看，是一张五百万的支票。当时，孔祥熙正借住在范绍增名为"范庄"的豪宅，两人每天朝夕相见，并无隔阂。范绍增回家后照着杜月笙交代的，和孔祥熙谈过后，把支票交给了孔。孔祥熙接过支票一看，一边笑着说："太多了，太多了！"一边赶忙塞入口袋。杜月笙关照过范绍增，只要孔祥熙收下支票，什么也不必再说，回去告诉他一声就行。当晚，范绍增驱车来到杜月笙的别墅。“他收下了。”杜月笙一听，立刻抓起电话，说：“货物马上准备起运。”第二天，杜月笙一大早就给孔祥熙打了个电话，接着，就很顺利地从财政部拿回了执照。是夜，戴笠派了一个排的武装特务，押着几十卡车的烟土，急速驶出重庆。两天后的一个夜晚，这批烟土安全抵达广西镇南关交了货。范绍增经了一下手，出了一份力，就分到红利一百万元。当时，黄金才几百元一两，这钱数目相当可观。顾嘉棠、叶焯山等人都分到了十来万元，其余就被杜月笙和戴笠平分了。此中经过，为范绍增在解放后娓娓道来，虽不免有夸大之辞，但想来范绍增不会为了配合“思想改造”而凭空构陷一帮昔日老友吧？

杜月笙正是靠着为国民政府的一批“党国要人”做上不得台面的事，使得他的势力和“党国体制”几乎合而为一，这种结合，最生动地体现在杜月笙和戴笠的关系上。

戴笠（1896-1946），原名春风，字雨农，浙江江山保安乡人。六岁丧父，上过几年新式学堂，后来浪迹江湖。民国10年左右，在上海结识杜月笙。戴笠此时还只是一个混迹上海滩赌场的潦倒不堪的小角色，有一次在杜月笙的赌场里掷骰子，技艺超群，让赌场出血不少，看场子的人看不顺眼了，要收拾他一顿，结果戴笠指名道姓要见杜月笙。杜的手下报给杜，看杜怎么处理。杜月笙听说有这样的事，忙要求将戴笠带到杜公馆，让他当场演示其绝技。杜月笙是个赌瘾极重而赌术平平的人，一看之下，对戴笠这一手随心所欲的掷骰子绝技赞不绝口，认为此人心思手腕如此灵活，非常人可比，值得倾心结纳，如是当场订交，二人以兄弟相称。

后来，广州的黄埔军校开办，在上海招生，杜月笙劝戴笠投考，还求黄金荣特意写了一封介绍信给当时已是黄埔军校校长的蒋介石。这封信分量很重，因为蒋介石当年去广州投靠孙中山，也是黄金荣资助的，蒋介石还拜了黄金荣做老师，黄金荣给蒋介石了断了他在上海欠下的一笔不小的债务，还打发他一笔盘缠，这在爱钱如命的黄金荣，真是破格之举了。所以，蒋介石终生对黄金荣都很感激，现在黄金荣的一封介绍信，完全抵得上一封录取通知书。

1926年戴赴广州，改名戴笠，9月考入黄埔军校第六期。北伐时，编入国民革命军第一军骑兵营一连。“四·一二”政变中，因揭发同学中20余名共产党员，得蒋介石、胡宗南等赏识，开始从事情报工作。当北伐军打到上海的时候，戴笠已经成为北伐军中的一个不大不小的角色了，他回到上海第一件事就是去拜见杜月笙和黄金荣，感谢当年的指点和提拔。1928年戴笠任国民革命军总司令部上尉联络参谋，也是主持情报工作。但好景不长，到1931年底，蒋介石被政坛对手挤兑下野，戴笠失去了靠山，情报工作也干不成了，此时的戴笠又是一贫如洗，成了潦倒汉，甚至连跑当铺的资本都没有了。

这时候，他仍旧去找杜月笙。杜月笙对他器重如故，热情反而更甚，戴笠开口借钱，他总是二话不说如数照给，并温言劝慰，说无论何时，缺钱了再来找他，有用得着的地方，“闲话一句”。戴笠心中的感激难以名状，只好含泪告别杜月笙。很快，一笔钱花完，戴笠不得已忐忑不安又去杜月笙处打秋风。杜月笙言出必践，从未有过任何推托，此后也不时接济戴笠。这些陈年往事，戴笠自然都记在心上。

1932 年 1 月，蒋介石东山再起，重返南京，戴笠也时来运转，蒋授意戴成立特务组织“中华复兴社”，戴笠任特务处长，从此戴笠一路高升，历任要职，尤其是掌握情报特务系统，令人闻之色变，直到 1946 年 3 月戴笠飞机失事葬身火海，戴笠都是蒋介石最信任的心腹之一。杜月笙 1931 年开始到 1937 年上海抗战开始，近十年的“黄金期”，很大程度上得益于他和戴笠早年建立的这种特殊关系。可以说，只要戴笠还掌权，杜月笙就不可能倒，因为在一个实行特务统治的中国，戴笠的势力遍布全中国的各行各业，即使孔祥熙、宋子文、陈诚这些蒋介石倚为干城的人物，对戴笠也得礼让三分。

杜月笙和戴笠之间的关系，远不是金钱或权力利用的关系，而是一种从感情到利益的共生关系。据说军统机关如一时周转不灵，戴笠总是亲笔写个条子，嘱咐经管人去找“杜先生”。对此，杜月笙总是有求必应，做到了随用随取，而且所有账款往来绝对是“无息贷款”。不要小看“无息贷款”这一承诺，因为抗战期间，中国物价飞涨，货币飞速贬值，贷款利息都是百分之几十银行才能勉强保本，杜月笙“无息贷款”给戴笠的军统，等于倒贴百分之几十的本钱。抗战期间戴笠手下在上海活动，杜月笙对自己的门徒说，凡是军统的人来找，要钱给钱，要物输物，要人出人，就当是自己的事。所以，军统在上海的锄奸等特务活动，有不少就是杜月笙的门徒完成的，为此这些门徒生死置之度外，受了不少苦，比如杜月笙的大管家万墨林就为此先后两次坐牢，在牢里被打得皮开肉绽，几个月起不了床。

当然，戴笠对杜月笙也绝对“够朋友”。因为他的身份非常特殊，到上海他决不能公开露面，所以他如果到上海，必定住在杜月笙为他安排的地方。他有什么发财的门路，首先想到的肯定不是别人，而是杜月笙。

1943 年前后，杜月笙与戴笠私下合作，成立了一个通济公司，由杜任董事长，并把钱新之拉去担任副董事长，实际上，戴笠才是大老板。这个公司倚仗戴笠的特权，做尽了任何奸商所不能做的生意。原来，国统区的轻工业很不发达，一些基本的生活必需品产量非常有限，已经导致严重的通货膨胀，威胁到国民政府的统治，而沦陷区日本人掌握的战争资源也非常有限，他们缺钢少铁，更缺少一些有色金属，军火工业难以为继，而中国产有色金属的省份如江西、湖南基本上还掌握在国军手里，所以，出现了战争史上千古难闻的奇闻，中日两个交战国为了使战争能够继续进行下去，竟然私底下做起了以货易货的生意：国统区以有色金属、桐油等战略物资交换日本人掌握的棉纱、棉布。这种秘密交易实在不可思议，要是捅开来，不止国统区的人民会义愤填膺，连世界舆论也会惊诧莫名。当时不准出口军火工业原料，这个公司却大量运到沦陷区去卖给日本人，让敌人制成军火来屠杀中国人，又能够从沦陷区换回在后方能赚大钱的棉纱布匹等日用必需品。当时，交通检查、战时货物运输等大权，都操在戴笠手上，所以只要戴笠放行，就没有什么障碍。戴笠看到这是赚大钱的机会，马上想到由杜月笙出面来组织这种易货交易，杜月笙从中获利极丰。

抗日战争胜利后，蒋介石授权戴笠处理汉奸问题。这又是一个千载难逢的“机会”。因为沦陷区日伪多年搜刮来的财物都得没收，大大小小的汉奸为了逃避惩罚，都不惜钱财到处钻营打点，国民党的“接收大员”手中的一点点权力都能换来大笔大笔的金钱，所以很快的“接收大员”变成了“劫收大员”，一个个捞得盆满钵满。戴笠掌管汉奸处理问题，手中的赚钱机会就多不胜数了。但他绝对不自己出面，而把这些机会拱手让给杜月笙。当然，我们大可以说，杜月笙的就是他的，两人本来就是不分你我的关系。

当时的情况是这样：那些地位极高的大汉奸如陈公博、周佛海等人如何处置，这得蒋介石拍板，等而下之的“中等”汉奸，怎么处置戴笠说了算，但戴笠放出风声来要从严办理，绝对不徇私情，他也不接受任何人的请托——但是有例外。这个例外就是杜月笙。别人请托从轻处罚都没有用，但杜月笙到戴笠处说情，则戴笠无不从命。这已经成了上海滩上公开的秘密。所以那些大小汉奸闻风而动，挤破了杜家的门槛，花了无数的钱财，只为得杜月笙在戴笠面前说一句话。杜月笙当然很有分寸，哪些人可以放，哪些人放了民意无法交代，这些他心里都有本账，所以也不让戴笠为难。而且，杜月笙也不会当面向戴笠通情，而是通过戴笠的心腹王新衡转达，而王新衡也是杜月笙的门生。所以这两兄弟一个唱红脸一个唱黑脸，狠狠捞了一票。不过，那些汉奸的钱财也都是民脂民膏，他们发的不义之财，挤出来也不冤枉他们。

也有杜月笙保不住的人。他有一位门生姓罗，是大毒贩，在上海沦陷期间做了汉奸，但正是这一时期他对杜月笙反而格外巴结，杜月笙客居香港期间，其用度所需钱财大都由他供给，所以清算汉奸的时候，杜月笙非常想保住他。杜月笙将他藏在自己的公馆里，让军警没法来抓人。后来戴笠亲自来杜公馆，对杜说，月笙哥，这个人我可以看你的面子放手，但自此以后，我们就再不要谈兄弟交情，你自己决定，杜月笙无奈只好交人。

因为杜月笙和戴笠之间有如此砣不离秤、秤不离砣的关系，戴笠一死，杜月笙非常地伤心。得到戴笠飞机失事消息的时候，杜月笙正在玩牌，一时之间大惊失色，继而面如死灰，大泪滂沱。后来，他给戴笠的儿子送了几十万的奠仪。有一年，去戴笠的墓上奠扫，还恭恭敬敬地三鞠躬，眼中含泪，悱恻伤神，这是杜月笙成名以后没有的事——谁当得起他的三鞠躬？谁又值得他流泪？戴笠的死，是杜月笙势力衰落的先兆。

3. 押宝多押一方

莫看杜月笙和南京的党国要人关系“铁硬”，这只是杜月笙的一面。其实所谓的南京国民政府，一直到其 1949 年被推翻，始终都是不稳固的，国民党党内有派，党外有党。蒋介石纵使名义上成了“当之无愧”的最高领袖，但也时时有“后顾之忧”，经过他的金钱收买，冯玉祥、李宗仁等人的部将不少都归附了他，张学良和他结成了同盟，但新桂系却始终隐然有抗衡之势。且看国民党新桂系的开山祖李宗仁在其回忆录中一段意味深长的话：“我党中枢领袖，不自觉其在政府中地位的尊严，竟与这批流氓称兄道弟，不以为耻。官箴全失，斯文扫地，比起北洋军阀，犹等而下之，实堪浩叹！”他说的“我党中枢领袖”，当然就是蒋介石总统，而“这批流氓”，无疑说的是杜月笙、黄金荣之“流”。

蒋总统的确和这些流氓混得过近——每逢黄金荣、杜月笙家族有婚丧祭祀，除各路军政要员都前来拜谒外，总有蒋介石的轴幛悬挂在中堂，来装点门楣。在黄家花园（今桂林公园，落成于 1931 年）四教厅前面，还竖立着一块高六七尺的石碑，上刻“文行忠信”四个大字，上首记“中华民国十九年”，下面题“蒋中正赠”。蒋介石与上海黑帮的关系，就是这样到了黑白一家，不分彼此的地步。在蒋得势之时，各级禁烟机构中，国民党当权者居然故意安插向来贩卖烟土的青帮分子来“查禁烟土”，杜月笙就是上海市禁烟委员会三大常委之一，真可谓贼喊抓贼，原本一家。

李宗仁既然敢如此讥评这帮流氓和蒋总统的“深情厚谊”，他自己当然是“身家清白”，不与他们“同流合污”了。的确，有一年李宗仁经过上海，杜月笙出于广交天下英雄的作风，一闻李将军来到，马上托人盛情邀请李，欲为其接风洗尘，也好倾心结纳，但李宗仁看不起杜月笙，杜托人说了几次，李拒不“赏脸”。杜当然知道李宗仁这种姿态就是看不起自己。他虽然觉得很没有面子，但其时李宗仁正手握数十万雄兵，杜月笙丢了面子也不敢有所怨言，只得作罢。

后来，李宗仁却还是被“逼”到了杜月笙的宴客桌前。这是因为他也有用得着杜月笙的一天。事情还得从当时政界的倒蒋风潮说起。北伐之后一直到三十年代初期，蒋介石的地位并不稳固，冯玉祥、李宗仁、阎锡山、胡汉民等人都欲将蒋介石拉下马来。所以胡汉民和李宗仁就合计来整垮蒋介石。通行的看法是，杜月笙与蒋介石有深厚的私人情谊，上海帮会曾是蒋介石政权剪除异己的工具。另一方面，胡汉民等人则是较为清白的政客，与黑社会应该无涉。但现在有不少材料表明，1931年胡汉民与蒋介石彻底决裂后，胡与杜月笙、张啸林等人也走得很近。1931年底，胡汉民在“约法之争”中失势，离宁经沪南返，一般人惧于蒋介石的淫威多避而远之，杜月笙则亲往迎送，以示上海是他的地盘。胡汉民也礼尚往来，“汉民往来函电稿”中就有他为杜月笙、张啸林等祝寿应酬的内容，陈群则是胡与杜之间的联络人。胡甚至曾企图借助杜的帮会力量在上海抗衡蒋介石。所以，世易时移，胡现在和李是同一“战壕”的战友。李宗仁手中有枪，但始终无“党”，即在国民党中无多大势力，在政争中始终“名不正言不顺”，所以对党内几大可以和蒋抗衡的巨头如汪精卫、胡汉民倾心结纳，想将“中央”这块最管用的招牌从蒋介石手里夺过来。这时候胡汉民力劝李宗仁和杜月笙应酬，李宗仁不好拒绝了，终于勉强应了杜月笙的请一起吃饭，杜月笙惊喜过望，极为殷勤地招待，根本不提前几次李轻看自己给自己的“侮辱”。

他后来还帮李、胡等人暗地里拆蒋介石的台。1932年初，已下野的蒋介石策动杨虎在上海酝酿罢工罢市，以压迫胡汉民支持的孙科内阁。胡汉民一面为孙科打气，一面托陈群转请杜月笙等利用其在上海的特殊影响，“将此种酝酿竭力设法消弭，……俾新政府真能负荷其任务也。”胡汉民等人组织的“新国民党”在上海的秘密电台，就设在法租界内，按月向巡捕房交纳1500元的“电台保护费”，此事若杜月笙不首肯，是办不成的。由此可见，胡汉民、李宗仁等为扩大反蒋阵营，广泛结交同盟军，利用一切社会力量。而杜月笙等也是“货卖两家”，千方百计与政界各派联络，左右逢源，这也是他四面八方兜得转的原因之一。对他来说，没有什么政见原则，凡是看得起他杜某人的人，他就愿意跟人家做朋友。当“朋友”之间起冲突，他也照样周旋其间，装出对两方都“拔刀相助”的样子。

比如1946年选副总统，蒋介石中意孙科，但李宗仁抗颜出马竞选，所以选票拉得很紧张，硝烟味很浓，甚至蒋介石还亲自出马为孙科拉票。有次他找四川的范绍增谈话，希望他投孙科的票，范是个直肠子（有“范哈哈”之称，四川话傻瓜之意），就说李宗仁先找过自己了，自己已经答应李了，还替他拉了好几张票。蒋沉吟一下，大度地说，你自己的票可以投给李宗仁，但你手里掌握的其余人的票，必须投给孙科。谈话回来，范绍增六神无主，他心中把李宗仁当朋友，况且已经答应人家了，怎好出尔反尔？于是他向杜月笙请教如何收场。杜哈哈一笑，说这种事情还不好办，你看我，无论谁叫我支持他，都答应下来。这种场合，应当机灵一点，不但不能为这种事得罪人，还要借此机会来笼络人才是“正道”。范得到此一“秘诀”以后，仔细观察那些拉选票的人，果然，每个人对杜月笙都抱着希望。本来杜月笙能控制的选票就不多，分散开来根本起不了作用，但杜却如鱼得水，捞到不少人的好感，也得到了实惠。范绍增对杜的这一秘诀佩服得五体投地。

4. 渐行渐远

杜月笙在上海滩的势力如此之大，远超乎一般的黑社会势力，其根本原因在于他和南京国民政府的党国要人关系密切，二者互相利用。但通过为其所用，杜月笙却获得了空前的影响力，因为能够接近这些人，这本身就是权力的象征。他为了利用南京的政治势力，不惜动用自己所有的力量来支持南京的政策，包括经济、政治、社会乃至对外政策。这种支持，既有暗地里为党国要人当“白手套”的一面，也有公开的台面上的有利于国计民生的一面。这尤其体现在南京国民政府开始全面抗战以后，杜月笙一系列的紧跟政府的举动中。

抗战军兴，杜月笙坚决站在蒋介石政府一面，积极组织人力、物力、财力支持抗战，用行动向蒋介石交心交底。1937 年 7 月，日本发动卢沟桥事变，8 月，又发动进攻上海的“八一三”事变。杜月笙参加了上海各界抗敌后援会，任主席团成员，兼筹募委员会主任。他参与劳军活动，筹集大量毛巾、香烟、罐头食品，送到抗敌后援会。“八一三”抗战时杜月笙个人出资一万多元买了一辆装甲汽车送给淞沪战场右翼军总司令张发奎。而且，他送这汽车不留名，张发奎很长时间都不知道这汽车是杜月笙一人赠送的，直到杜月笙抗战后期来到重庆，经人介绍见到张发奎，旁人说张将军你现在正用着的汽车，就是这位杜先生自己出钱送的，张发奎非常惊讶，也非常感激。这也是杜月笙为人的一般风格：帮人忙、送人钱财，不肯自己直接出面，而是让别人旁敲侧击地透漏出去，这效果比起雪中送炭来又更高一层。但有时候，他帮人忙，馈人钱财，却又必定亲自出面，不假他人，为的是不让受馈者在外人面前难堪。用现在的话来说，杜月笙的“客户管理”技巧是顶呱呱的无师自通。

杜支持抗战并不分国共，他应八路军驻沪代表潘汉年的要求，将从外国进口的一千副防毒面具，赠送给八路军使用。“八一三”抗战后期，杜月笙得知驻守在四行仓库的谢晋元团缺乏食品时，仅用了一天时间即向谢团送去了光饼 20 万只。1937 年 8 月 19 日他在报纸上发布征募救国捐和金银物品的告示。仅月余时间，杜月笙主持的筹募会就筹集得救国捐 150 余万元，有力地支援了前方的抗战。杜月笙还主动将杜美路的私宅借给财政部“劝募委员会”作办公地点，自任上海市民劝募总队队长、上海商界劝募总队副队长。经杜月笙等人全力奔走，上海共认购了救国公债 7500 万元，占全部发行量的 1/6。

当前线军情紧急时，杜月笙还亲自组织自己的门生参加战斗，他的部队称为别动队。1937 年 11 月 10 日日军在浦东登陆后猛攻南市，次日夜间国民革命军撤出上海。别动队曾在南市及上海近郊阻击过日军，然而，这支别动队终因寡不敌众而失利，一部撤入法租界，另一部撤出上海，后改组为忠义救国军，甚至成了汪精卫的伪军。

上海沦陷后，战局急转直下，蒋介石制定了一个秘密计划，要将这时候停泊在长江内的日军军舰封锁在内陆，然后遣空军全部炸沉，给日军一个措手不及。因为这时候日军还没有作出全面、持久作战的准备，他们以为这次战争还是“事变”，所以根本想不到蒋介石会主动出击扩大战争。而事实上蒋介石已经决定全面抗战了。这个计划的关键是用沉船封锁江阴要塞，密令下达之后，又是杜月笙顾全大局，率先指令自己控制的大达轮船公司开出几艘轮船行驶至江面偷偷凿沉。在杜月笙的带领下，其他轮船公司也纷起响应，凿船沉江，阻塞了大半长江航道。然而这一秘密计划被一个汉奸黄秋岳（他本是一位著名诗人）出卖给了日军，使得日军趁着江面还没有完全堵塞的时候，连夜逃出长江，此一计划功败垂成。后来黄秋岳被砍头示众，连带有十七位汉奸被枪毙。

在上海沦陷后，杜月笙以市各界抗敌委员会负责人的身份，仍在租界内坚持了一段时间。他曾不惜巨资买了不少中共党组织设法出版的《西行漫记》、《鲁迅全集》等进步书籍，烫上“杜月笙赠”的金字送给租界内的各大图书馆，支持抗日宣传。

当上海即将沦陷的时候，杜月笙考虑到从 1932 年“一二八”上海抗战到 1937 年全面抗战，自己都是站在上海社会各界抗战领袖的地位，日军恐怕将不利于他，所以于 1937 年 11 月 26 日晚，抛下了所有家属，与宋子文、俞鸿钧等人秘密乘船赴香港，他这一行动，是对蒋介石抗战政策的坚决支持，尤其是当虞洽卿、傅筱庵、黄金荣、张啸林这些上海头面人物都不肯离开上海这个安乐窝的时候，更显得杜月笙支持的可贵。

在香港，他利用帮会的关系，继续活动。他担任中国红十字会副会长、赈济委员会常务委员和上海党政统一工作委员会主任委员，从事情报、策划暗杀汉奸等活动。1940年他组织人民行动委员会，这是在国民党支持下的中国各帮会的联合机构，杜月笙为主要负责人，由此实际上成为中国帮会之总龙头。

可以载入史册的一桩抗战功劳，是他将汪精卫手下两位大将高宗武和陶希圣拉过来“反水”，而且让他们偷出了汪精卫和日本谈判的绝密文本，在香港《大公报》上刊登出来，让汪、日秘密交易曝光。杜月笙做这事极为机密。先是，1939年11月他从留沪门徒徐采丞处获悉高、陶有反正意向后，急飞重庆向蒋介石汇报。返港后杜与高、陶代表黄群接触面谈后，再次飞抵重庆向蒋汇报，请示机宜。1940年1月，高、陶二人在杜月笙的周密安排下秘密离沪赴港。不久陶希圣滞留在上海的3个孩子亦经杜月笙、万墨林的筹划抵达香港。据说，就在这次安排高、陶反正并逃离汪阵营的过程中，杜月笙有次几乎为之丧命。那是他前往重庆请示机宜时，在空中遭遇日本军机的追击，座机为逃逸而急剧升高超过正常海拔，而他本身有哮喘，吸氧不足，是足以致命的，这次遇险使他身体大不如前。

尤其值得一提的是，为了支持国民政府的抗日，杜月笙默许了自己的门生，同是军统上海特务人员的陈默等人，暗杀了留在上海已经落水做了汉奸的张啸林。为此，杜月笙战后重回上海时不再住在昔日的杜公馆，杜公馆和张公馆原本是相连的两所宅院，睹物难免思人，故地不宜重游了。

杜月笙安排自己的门生留在上海，支持戴笠的军统“锄奸”，为此他的手下也做出了不少牺牲。比如他的总管万墨林就被 76 号汪伪特务机关诱捕，在牢里被打得死去活来，后来到医院里躺了将近半年，实在吃了不少苦头。但万墨林没有吐露任何重要信息，也算是一条硬汉，为杜月笙挣足了脸面。而杜月笙另一位手下杨渔笙（曾是杜多年的账房），在这一段时期表现软弱，不敢为抗日卖命，杜就看不起他，觉得他塌了自己场。有一次杨渔笙偷偷跑到香港，想求着杜月笙让他在香港“抗日”，杜月笙不答应，非得让他回上海，杨跪求，据说杜月笙踢了他，说以后不要再来见他！从这些事情来看，杜月笙抗战不是做花架子，而是真的把它当做一件大事，尽了自己的全力来做。

1942 年 3 月上海统一委员会书记长吴开先被日军逮捕后，杜月笙尽全力打通关节进行营救。吴开先承认，杜月笙为了营救他“个人耗费三百万元以上……”万墨林和吴开先两人最后都是日本军方同意释放的。日军之所以忽然主动放人，是因为他们这时候知道杜月笙可以和蒋介石单独联系，而日军正想和蒋介石讲和，所以以释放杜月笙手下来向杜示好。在这一段时期，蒋、杜关系非常密切。

杜月笙在香港沦陷后转到重庆，蒋介石开始渐渐对杜有所不满。有几件事情杜月笙做得让蒋介石很恼火。其中一件是轰动重庆的“黄金案”。

当时国民政府深受通货膨胀之苦，为缓和通胀，搞了黄金储券，以六个月为一期公开发行。特意说明购买这种券的，不论将来币值有何变动，到期可兑到黄金。但到了抗战胜利之前，通货猛涨，国民政府实在无力支撑了，所以孔祥熙召集了几个机要的部下商议，选定一个日期，将黄金价格大幅上涨。但孔祥熙自己是最大的蛀虫，想趁机捞一把，他安排心腹提前囤积了大批黄金，因为和杜月笙关系好，照顾一下他，也将这个消息透露给杜。也有人说是孔的心腹透露的消息，孔本人没有打算泄露机密。于是杜月笙的中华贸易信托公司和他所控制的其他企业，前往抢购，做得很招摇，消息也泄露得很广，所以插手的人就多，难以掩人耳目。结果当黄金涨价的消息传出，有人知道杜月笙等人提前得到信息，于是舆论大哗，一片叫骂之声。蒋介石迫于压力下令彻查，结果把财政部总务司长王绍斋扣押。这位王绍斋本也是杜月笙的得力弟子，一直追随左右，这次他也是参加密商的少数人之一，据说，是他泄了密。当时，市面流言，说法院公审时，将传杜到庭质询，但终究未成事实，因为杜月笙在后面使了手脚。这件事虽然摆平了，但蒋介石对杜月笙的好感也打消了大半。

当蒋介石开始厌恶杜月笙的时候，杜月笙也开始对蒋介石怀着戒心了。有一天，孔祥熙邀杜月笙、范绍增和杨虎三人去孔家吃饭，饭时孔祥熙告诉他们，蒋介石认为四川帮会势力太大，准备杀一两个青洪帮头子压一压。孔向蒋说，别人又没有反对你，还拥护你，你为什么要杀他们？蒋不说话了。但他后来还是枪毙了一个四川袍哥首领程泽润。他是兵役署署长，原因是蒋介石看到了死在机房街罗汉寺的新兵，他认为新兵还没上战场就被折磨（饥寒交迫，因为当时克扣军饷成风）至死，此事万难忍受。杜月笙听完孔祥熙这一席交心之谈，当时隐忍不发，到离开孔家后就显出他所受刺激之深了。路上他对范绍增和杨虎说：“我们一向拥护他，今天成功了就要杀我们，以后大家都得小心些。”他估计蒋不会杀到他的头上来，但对蒋介石这种翻脸无情的作风，已经感到寒心了。但这寒心，并没有吓倒杜月笙，使他变成个谨小慎微的胆小鬼，相反，他却想着反将老蒋一军。这种气派可不是一般流氓泼皮都有的。杜月笙不同于一般人的地方就在于，他身上始终有那么一股“能伸”的精神。不管事情多大的来头，他都有那种孤注一掷的气概。也就是说：“事来了不怕事。”如果事来了就怕，结果很可能是事越来越多。

抗战已经胜利在望的时候，1945 年 4 月杜月笙在重庆受到蒋介石的召见，命其驰赴东南，预为布置，准备接收日伪控制的上海等地区。杜月笙于是赶往浙江淳安，一方面固然是想配合盟军登陆，为国民政府再做点贡献，以提高自己在战后的政治地位，另一方面是自感离沪多年，他的人马分化极大，再不趁早收拢，胜利之后很难在上海重张旗帜。然而正当杜月笙匆忙行动，急欲有所表现时，1945 年 8 月 14 日日本宣布无条件投降。

胜利来得这么快，让所有人都感到意外。当然，最意外的是蒋介石。现在的蒋介石早已不是当年落难上海滩，挤在交易所里讨生活的无业青年了，而是堂堂国际四大强国的领袖之一，是全中国的民族英雄，是掌管中国命运的“救星”。他正踌躇满志，开始注意自己“国际领袖”的风仪和做派。国际领袖当然不应该和黑社会分子称兄道弟，所以他现在觉得杜月笙这帮人成了衣服上的补丁：当年穷困的时候亏了这几个补丁挡风遮寒，现在阔了，再穿这件补丁衣服就配不上自己的身份了。

1945 年 8 月 28 日，杜迫不及待地从淳安经杭州回上海。他此番心意，恐怕并非思乡心切那么简单。有人说，他急于归乡，乃在预先布局谋取上海市长一职，实际上，他抗战时期被委任为“上海统一委员会”和“江浙行动委员会”主任委员，就相当于出任特别时期的“大上海市”市长，只不过是个“影子市长”罢了。但是，即便他有此念头，蒋介石也不可能让其遂意。蒋对他私下亲热，但从来都不肯公开重用，因为怕别人联系到杜月笙的流氓出身，何况公然选其为上海这一国际大都会的市长？杜心中可能希望蒋介石念他昔日反共和长期拥蒋的功劳，能把这一职务酬报他，或者至少有一个温煦的解释来劝止他。结果，蒋介石却发表钱大钧任上海市市长的任命，没有杜的任何事。后来成立上海市参议会，参议会选议长时，会中本就有杜月笙的不少门生和朋友，他们都极力拥护杜月笙当议长，觉得这是他历年辛劳为公应得的体面报偿，而且，第一次选举时，杜也的确是以高票当选了。但是此前蒋早就放出话来，希望让CC系的潘公展当选，于是杜月笙只有在当选后发表辞让声明，表示病躯不胜公劳，即使当时舆论以为，杜之声望和贡献，比起潘公展这种耍笔杆子的党棍来，更适合当这个议长。

也许，经过了这么多年的黑道生涯，杜月笙这时候的确是想学好，想洗刷自己身上的污泥，愿意做个“清清白白”的人，他之所以打入工商、金融各界，之所以做各种善事，之所以一心抗日，都是为了让自己真正成为“绅士”，让自己光明正大走上前台。通过多年的努力，他做到了一般绅士都做不到的事情，赢得了社会的承认，他现在缺的，就只一个“国民政府”给他的名分，来给他“扶正”。如果他当上上海市市长，他就得到这个名分，彻底成了“体制内”的人，就像当年蒋介石从一个沦落上海滩的潦倒汉，上升为国家最高领袖一样，杜月笙也将从上海滩最脏的泥潭中爬出来，成为上海滩的最高领袖。凭他的手腕和气派，他做起上海领袖来未必比那些官僚差。但是蒋介石不会给他这样的机会。蒋介石的传奇属于他一个人，他的成功不可复制，也不允许复制。在政坛发展的计划搁浅之后，杜只好改变口气，大谈什么“推进社会力量，扶导经济事业以辅佐政府，是个人生平宿愿”，来为自己解嘲。

可是，国民党中有一批后起之秀却不答应他这么“轻松”退却。他们这批人和老蒋的流氓出身不同，都受过正规大学教育，甚至还喝过洋墨水，他们有着改造党和国家的热情，现在渐渐冒头，欲有所作为。这批人的首领就是蒋经国，他周围笼络了不少有才干、有热血的青年，欲荡除国民党根深蒂固的腐化，他们对杜月笙这种从黑社会爬出来的“闻人”向不拿正眼看，所以他们欲改造国家和党，首先就拿杜月笙来开刀。很快，杜月笙就被这批国民党少壮派开了两刀：一是宣铁吾和杜月笙“斗法”，一是蒋经国上海“打虎”。

宣铁吾，浙江诸暨人，家道贫寒，幼年只读过私塾。中国共产党成立后，宣铁吾曾一度加入。1924 年，黄埔军校成立，宣考进军校，为第一期学生，曾当过蒋介石办公室的侍卫，因为表现忠诚，又升为侍卫长。在黄埔这段时期，宣铁吾和蒋经国的私人感情特别融洽，称兄道弟，成为莫逆之交，直到 1925 年蒋经国去莫斯科学习，两人才分手。宣铁吾对蒋介石忠诚，与蒋经国的观点一致，私交融洽，所以颇得蒋氏父子信任。二人都认为，只有斗垮恶势力和黑社会，国民党的天下才有可为。

接管上海前，蒋介石钦点由宣铁吾担任警察局长一职。他之所以如此信任宣铁吾，与蒋经国的推荐和促成分不开。宣上任后，就提拔不属于中统、军统的俞叔平为警察局副局长（俞是奥国留学生，为中国甚少的警察法学博士）；宣的亲信徐旭、方志超等分别任人事处长和行政处长，但为了敷衔戴笠，也录用了一些军统的人。宣铁吾在重庆启程后，杜月笙为拉拢感情，曾设宴为宣饯行；但宣一到上海，对新闻界第一个谈话却是：不搞劫收，整顿风气。并且特别提出要整顿青洪帮。凡是青洪帮门徒，一律不见，一律不用。宣铁吾这第一炮，无异于是打给杜月笙听的一个响雷。果然，杜月笙几次请宣铁吾吃饭，宣都不出席。

第一记耳光是宣铁吾将杜月笙的心腹万墨林以投机倒把的罪名扣押起来。内战越打越烂，由于法币贬值，物资缺乏，上海的粮价直线上涨，人们的咒骂集中在米商身上，骂之为“米蛀虫”，万墨林为上海米业公会理事长，宣铁吾认为他操纵着粮食的市场价格，当然首当其冲地被宣收拾。其实谁都知道万墨林是杜月笙的心腹，扣押万墨林就是敲山震虎，给杜月笙难看。从此，宣、杜交恶成为人所共知的事。

继宣铁吾不买杜月笙的账以后，有一位比宣铁吾来头更大的蒋经国也来到上海拿杜月笙开刀。蒋是来平抑物价的，既然杜月笙兼着这么多行业商会的会长，蒋经国当然以为是杜月笙在扰乱市场。尤其是当时通货膨胀厉害，外币被炒作得越来越高，而杜月笙的中汇银行，由儿子杜维屏任经理，小蒋想，只要抓住杜月笙杀鸡骇猴，上海滩上应该不会有人再捣乱。其实他不知道，这时候杜月笙远不是上海投机的主要力量。不过当时上海投机成风，杜维屏也不免跟风，计划将45万元港币私自套汇外流。这个消息给蒋经国知道了，立即下令逮捕杜维屏，扣押在市警察局看守所内。为了掩盖投机真相，杜系的中汇银行和中国通商银行，漏夜赶造账册，化整为零，零零碎碎地私套到香港。

杜维屏被扣，当时各报以通栏标题报道，杜月笙威风扫地，在惊恐中曾一度避往香港。从表面上看，经此一击，金融黑市的确有所收敛，蒋经国觉得初战胜利，十分得意；但渐渐就感到事情棘手，因为“事出有因，查无实据”，找不到杜维屏套汇的罪证，最后只好将杜交保释放了事。杜月笙这个面子丢得太大了，是他成名以来从未有过的“跌霸”。他听到儿子被扣的消息，差点气死，一连好多天起不得床。有一次范绍增去看他，他气愤到极点地对范说：“他们把我当夜壶使！”“我捧蒋介石捧了这么多年，捧到今天连我的儿子也被他抓起来了！”范绍增从未见过杜月笙如此激动。杜月笙在床上喘气喘了好久，又叹了口气说：“现在租界没了，该是他们要我下台的时候了。”这句话，才真正说到了上海滩政治的要害。

杜月笙心中雪亮，明白自己的势力是在租界，而且他之所以在租界能够建立起如此大的势力，是因为一方面租界的外国当局对租界的管理、控制始终不能做到“生根”、“落脚”，毕竟外国人身处中国有其“水土不服”，他们必须倚靠能够实际控制租界的力量来管理，另一方面，则是国民政府的势力也无法进入租界，所以留下一个权力中空，而他杜月笙就是利用这个权力空隙成长起来的第三方势力。现在租界一撤销，国民政府可以直接掌管原租界的所有事务，已经没有必要再借重杜月笙了，蒋介石在租界连卫兵都不许带而要杜月笙护卫的时代，已经一去不复返。所以，蒋经国、宣铁吾收拾杜月笙，杜月笙现在只能逆来顺受。

据杜月笙身边的人回忆，在这次投机风潮中，杜月笙其实并没有兴风作浪，他这时候还在一心帮蒋介石的忙。1948 年夏天，由于法币贬值得厉害，蒋介石希望凭借人力把物价压下去，先后曾几次给杜电报，请他筹措平抑物价的办法。杜对此事非常重视，找了不少谋士，研究一番之后，便提出一个平抑物价，减少游资的方案：国民政府抛售一定数量的物资，使大量法币回笼，市场可望稳定。杜研究出这个方案后，很得意地向蒋汇报，孔祥熙也认为这个办法可行，南京政府又征求了不少专家意见，其中多数持和杜相同的看法，于是蒋介石下定决心出售国营企业的股票和国库券，同时抛售接收的敌伪物资和美援物资。

不料，所有抛售的物资一经抛出，立马被买家吃进，抛多少吃多少，真是肉包子打狗，抛售的物资相对于市场吸纳能力来说，简直是杯水车薪。这个政策甫一制定，南京政府内就有人走漏了消息，于是从南京赶过来一批批投机商人，携带现金从上海购进被抛售的物资，一车车运往内地，其实力比起上海本地的投机商来毫不逊色，甚至更加贪婪。所以，通过抛售物资平抑物价的办法，换来的是国民政府现在的鸡飞蛋打，两手空空，这是政策制定者始料不及的。蒋介石固然没有想到，杜月笙就更是惊异不已。而在蒋介石，却以为这是杜月笙和投机商串通了来给他下套，心中当然怒火万丈，难以止息。所以当蒋经国“打虎”打到杜月笙头上，蒋介石居然乐观其成。而杜月笙这方面，则是又委屈又恼火，也窝囊得很——本来是全心全意帮忙的，结果忙没有帮上，反倒引火上身了。他对蒋介石“翻脸无情”的作风有了更深切的认识。

然而，杜月笙身上始终有一种光汉泼皮精神，有那种“舍得一身剐，敢把皇帝拉下马”的狠劲，一旦将他逼到墙角，他会全力反击，不管对手多么强大，他绝不会坐以待毙。当蒋经国给了他响亮的一记耳光之后，他没有忍气吞声，而是借机使出了一记漂亮的反勾拳。

一次，蒋经国又召集上海绅商各界头面人物来“训话”，警告他们配合国家政策，话没落音，杜月笙慢慢地站了起来，他说：“我儿子违反国家的规定，是我管教不严，我完全同意蒋副专员逮捕他，依法惩办。不过，我有一个要求，就是请蒋副专员对违犯国法之人，应该一视同仁。请您派人去扬子公司检查检查。扬子公司囤积的货物在上海滩是最多的。现在，已有人正在那守着，蒋副专员若是不方便，各位同仁和记者先生可先去开开眼界！我有病在身，恕不奉陪。”然后头也不回地缓缓步出会场，将蒋经国晾在当场，一时下不来台。但他既然已经将“打虎”的鼓敲得震天价响，这个面子一定得撑下去，所以不得不接招，去查这个扬子公司。扬子公司岂是好查的？如果这么容易，杜月笙就不会走这一着棋了。

扬子公司是蒋经国的表兄、孔祥熙的大公子、有名的纨绔子弟孔令侃办起来的“黑公司”。这个公司之所以黑，是因为孔令侃利用他家权势什么非法生意都做尽了，还在抗战时就将美国援助中国的珍稀外汇挪用到美国炒汇，让美国人对中国的腐败大跌眼镜。他战后不光是炒汇炒股，还囤积物资，哄抬物价，欺行霸市，已经到了目无国法的地步了。蒋经国当然知道这位表兄不是好脚色，但这次杜月笙当着这么多人的面激他，他只得怒气横生地派人跟着杜月笙的人去查封，果然查到扬子公司囤积了巨量民生物资，品种无所不有！这时候宣铁吾利用他控制的《大众夜报》，以头版头条新闻，揭露“扬子公司”私套外汇的大案，还刊出了孔令侃的照片。看风头似乎有大义灭亲的决心了。

孔令侃毕竟不是杜维屏。他连夜赶回南京，向宋美龄哭诉。宋美龄火冒三丈，因为这样扯出萝卜带出泥，孔宋两家声誉全都完蛋，于是马上赶到上海，和蒋经国吵了起来。宋美龄看压服不了蒋经国，就急电蒋介石召他到上海，说有十万火急之事，必须面商。宋美龄走后，有人向蒋经国建议，应该当机立断、先斩后奏，蒋经国犹豫，结果蒋介石从国共内战前线惊惶失措地回来，还没有下飞机，宋美龄就屏退所有人，登机向蒋介石讲明事情原委，当然是一面之词。于是等到蒋经国再觐见的时候，一言未出，老蒋就发话了："令侃的事情我已经知道了，这件事你不要再查了。"根本不容他分辩，蒋经国含着一肚子苦水，只能忍恨吞声地回去收拾烂摊子。

当时蒋介石的心情正十分沮丧，因沈阳刚刚解放，廖耀湘和范汉杰兵团在辽西走廊全军覆灭。国民党已经尽失关外。在东平路官邸，蒋介石大发脾气，命令关闭《大众夜报》并当面斥责宣铁吾，说宣周围有共产党。于是一场"打虎风波"就这么草草收场。

这几场风波一过，杜月笙和国民党政治势力的联姻也就离解体不远了。

▲53

图 53 为杜月笙盛年字照。

从崛起走向巅峰的杜月笙，眼神中已经逐渐脱去了青涩的元素，正如一位外国女记者所描述的那样：刚毅果敢狠毒，已经成为主导杜月笙内心世界的关键词。从黄公馆走到杜公馆的杜月笙，已经有了足够的江湖经验和智慧，对上海滩的一切驾轻就熟。

▲54

◀55

图 54 为杜月笙照片；图 55 为袁克文照片。以袁世凯次子身份，以青帮的“大”字辈元老的资望，代表北洋势力参与青帮事务的袁克文，在 1931 年，杜氏祠堂开祠的这一年去世，他的去世终结了北洋政府对青帮的影响，更标志着北洋势力的衰落，新崛起的南方军政势力，才是杜月笙下半辈子要极力靠拢的对象。

▲56

图 56 为 1920 年 7 月 1 日开业的上海证券交易所，当时的理事长为虞洽卿，这个交易所是蒋介石混迹上海滩的开始。

在前往黄埔军校投奔孙中山之前，蒋介石，这个中国未来的领导者还是黄金荣的门下弟子。北伐战争开始之后，蒋介石强势回归上海滩，而与此同时，另一股势力也在上海风起云涌，那就是中国政坛的新秀——中国共产党，1927 年之前，共产党和国民党还是兄弟相称的革命同志，然而，不久的将来，十里洋场将见证这对兄弟之间的血腥斗争。杜月笙在这场斗争中获利之丰，让他走上了人生的另一个台阶。

▲57 毛泽东和旅沪的新民学会会员在南市半淞园合影

▼58 南京国民政府大楼

▲59

▲60

▲61

图 59 为“四·一二”政变，上海街头杀害共产党员的情景；图 60、61 为中华共进会成立纪念章。1927 年“四·一二”政变后，蒋介石在南京召开会议，决定定都南京，否认武汉国民政府。1927 年 4 月 5 日中华共进会成立，发起人囊括上海滩的黑道大腕和工商业巨子，主要人物是杜月笙、黄金荣、张啸林等，这个组织帮助蒋介石迅速捋清了上海的共产党势力，国民党和共产党以北伐为口号而结成的革命同志关系瞬间瓦解。杜月笙算是做了一笔大买卖，从此上了国民党的船，成为了国民党的白手套。

◄62
"四·一二"政变后第六天蒋介石留影

图 63 为着少将军装的杜月笙；图 64 为戴笠葬礼。通过"四·一二"，杜月笙算是向蒋介石交上了一份带血的投名状，得到了一身少将军服的赏赐，从此上了南京国民政府的船，想下来，不再可能了，况且，杜月笙也没有想过要下船。蒋介石、戴笠、杜月笙，在上海滩会集，又在上海滩分开，但是，这三人的命运却因上海而彼此相连。戴笠和蒋介石一样，最初是混迹上海滩的小角色，后由杜月笙赍发盘缠，前去投靠蒋介石，最终成为蒋介石的心腹手下，戴笠在杜月笙关系网中地位极其重要。闻听戴笠飞机失事，不仅蒋介石深为惋惜，杜月笙也如失臂助，黯然抚泪。

▼64 63▶

▲65

抗战爆发，杜月笙的人生已经开始走下坡路，但是他仍然动用各方资源，为抗战贡献着力量，一方面向白手套们表明忠心，另一方面也是为民族尽忠。

图 65 为淞沪会战中最为惨烈的四行仓库保卫战中留下的弹痕，墙壁上的累累弹孔就像杜月笙身上的点点污迹，尽管散尽千金，恐怕怎么洗也洗不掉了。

图 66 为汪伪特工总部七十六号。

图 67 为戴笠。抗战爆发，戴笠在上海组建特别行动组。剪除汉奸，其中杜月笙的门生弟子出力不少，尤其是镇守上海的万墨林。张啸林、傅筱庵等在抗战期间落水的汉奸都是在杜月笙协助下被军统暗杀掉的。

▲66

▼67

▲68

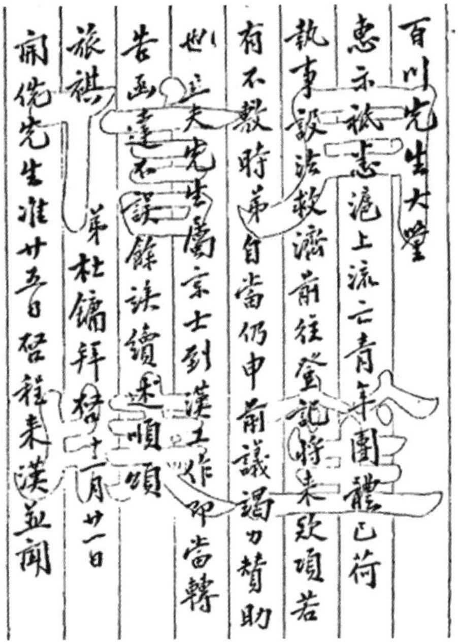

百川先生大鑒

惠示祗悉滬上流亡青年團體已荷

執事設法救濟前往登記將來款項若

有不敷時弟自當仍申前議竭力幫助

也 正夫先生屬京士到漢工作即當轉

告函達不誤餘詳續述順頌

旅祺 弟杜鏞拜啓十二月廿一日

崩侃先生准廿五日啓程來漢並聞

69►

图 69 为 1937 年 12 月杜月笙致陶百川商量救济在武汉流亡的上海学生函；抗战期间，杜月笙亲自出面，联络工商界人士商谈抗日事宜。图 68 为陶百川（左）、上海银行经理奚玉书（中）与杜月笙（右）商谈工作照片。另外杜月笙还担任中国红十字会副会长，组织人力物力，救治伤病员。

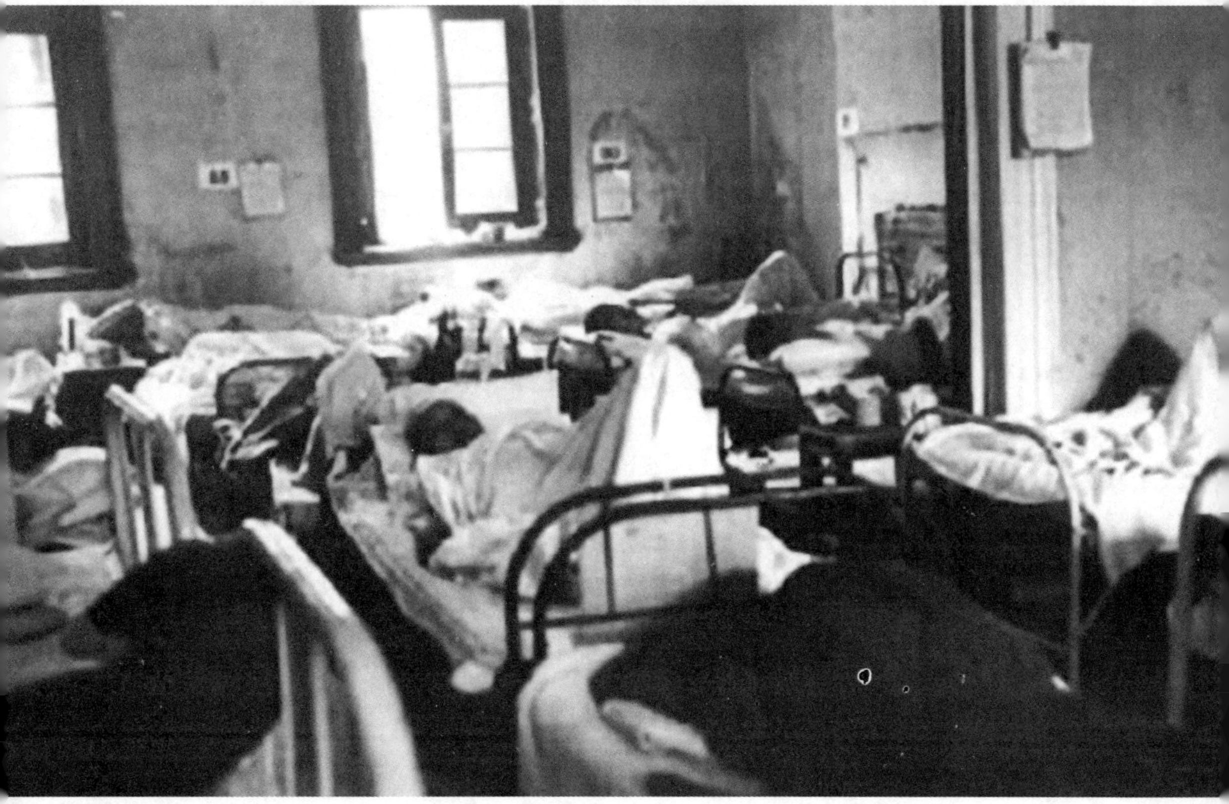

▲70 抗战中的红十字会医院

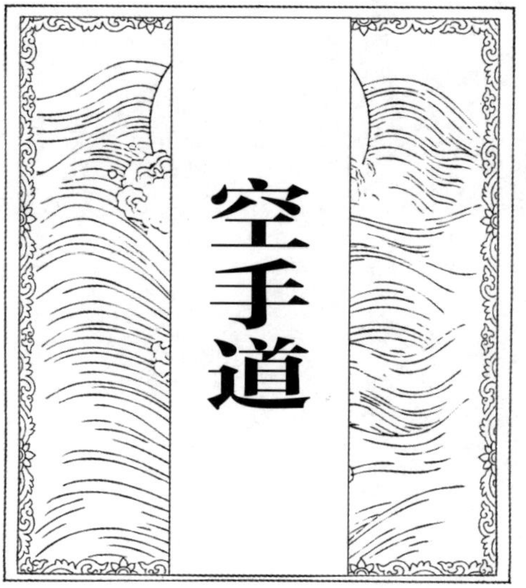

空手道

第四部

第四部

空手道

杜月笙作为上海青帮首领，是跻身金融、工商业最有代表性的人物。青帮其他上层分子在这方面也不逊色，如金廷荪开设治茂冷气公司，同时又是黄金大戏院和逍遥池浴室的老板；马祥生是雪园老正兴和聚商楼等菜馆和金门大戏院的老板；高鑫宝开设了丽都花园舞厅；谢葆生开设了卡德浴室，同时又是仙乐斯舞厅和大舞台的老板；芮庆荣在虹口开设旅馆、舞厅兼备的月宫饭店，又是新光大戏院的经理。

在上海青帮纷纷向工商界转身的同时，也有一些工商界人士为求帮会势力的庇护，主动向青帮首领送上“干股”，有的还加上一份门生帖子和丰厚贽礼，充当门徒。但是，在上岸“漂白”自己的成就上所有其他青帮大佬，都无法望杜月笙之项背。杜月笙成为绅士最有力的标志，就是他能够堂而皇之地左右上海的金融与工商产业，这种力量不仅让上海滩的银行家、资本家们望而生畏，甚至南京的党国要人们也不得不借重之、安抚之。

1928 年初，杜月笙、张啸林等人还在大开赌场（法租界的几大赌场均由杜月笙保护），但到 1931 年，他名下的企业已经非常之多，已是公认的工商领袖了。全盛时期，杜月笙担任着企业、工厂、单位的董事长名义的，就有五十六个，加上其余常务董事、董事、理事等等，更为可观，初步统计，他叫得上号的本兼各职（当然是正副职务）一共达到一百三十余个！

他从黑转白的手段非常高明。他总是恰如其分地利用他的青帮势力，在经济界、产业界的各种冲突中以“中间人”、“调解人”进而是“主持人”的身份来“排忧解难”，而这些“忧难”暂时解决之后，卷入纠纷的几方势力都发觉，他们自此再也离不开这位大热心人“杜先生”了，否则又将事无宁日。杜月笙总是使自己处在三角形的顶角位置，跨在另两个对立的角上面，安稳地建构他的权力金字塔。

所以，有冲突的地方就有“杜先生”，上海滩什么难事只要“杜先生”到场，“闲话一句”，就可解决。没有冲突的地方，为了能够打入其势力，他也会制造出冲突来，再装模作样很“公道”地解决。他的解决办法，总不外乎软硬两手，黑白两道，明暗两面。软的不行来硬的，黑的不行来白的，明的不行来暗的，在这令人眼花缭乱的手段中，杜月笙织就了笼罩上海滩，甚至遍布全中国的权势网络，成功地为自己披上了合法的外衣。这些转变，是从他靠上南京党政势力以后开始的，具体地说，是以 1929 年中汇银行开张为起点。

1. 遍地金银

1928年，杜月笙开始筹备成立中汇银行，并自任董事长。这是他由以往走私鸦片和经营烟馆、赌台等黑社会事业转向“上流社会”的起点。为什么他想起要办银行呢？这也是他的一位朋友兼谋士钱新之的主意。杜月笙始终不甘于做一个“黑社会老大”。他觉得自己挣了最多的钱，玩了最多的女人，让所有人都闻风丧胆，这些都没有多大意思，有意思的是那个他从小可望不可及的风雅上流社会。而要跻身上流社会，尽贩卖鸦片总不是办法。所以，像所有有远见、有野心的黑社会领袖一样，他要“漂白”自己的出身。另外，杜月笙的场面已经做得很大，其经济开支日益膨胀，而随着他从烟赌两行逐渐退出，原有的收入大减，盘子有点兜不转了，这时需要有挪用、透支的银行账户。借钱这种事，可以一而再，不可再而三，因此求人不如求己。如此，他必须有几个正经行当可以充充门面，有几个体面头衔可以炫耀炫耀。钱新之的建议，就是以银行业为起点，改变杜月笙的社会地位，使他真正进入上流社会。

钱新之，浙江吴兴人。他曾担任过交通银行总经理，蒋介石建政后，他曾出任过财政部次长，浙江省财政厅长。因留学法国，与法国上层人物有联系，被蒋介石任命为驻法公使，但没有到任。当时，钱新之正担任中国最有势力的北四行——中南、金城、大陆、盐业储蓄会经理，是上海金融界数一数二的巨头。杜月笙既然是法租界的闻人，对这样的场面人物当然倾心结纳，所以钱新之居然肯以官商两界红人的身份为杜月笙所用，帮他出谋划策，也体现出杜结交关系的本事。很快，中汇银行于1929年正式开张。上海富豪徐懋棠投了一大笔资金。

徐懋棠是英国银行的买办，为求得保护，曾拜杜月笙为老头子。杜月笙收服徐懋棠的故事，也是杜月笙一贯为人和手腕的出色“案例”。徐懋棠的父亲徐庆云死后，留下二千数百万的遗产，徐庆云的小老婆要求与徐懋棠分割财产，徐懋棠当然不肯，于是拜杜月笙为“老头子”，请杜出面来料理这一桩“家务事”。杜月笙向来对名门巨户的桃色纠纷、家族内讧或流氓敲诈是乐于排忧解难的，因为一则别人请他是看重他，二是也可从中得利邀名。即以徐懋棠这一桩家产纠纷来说，杜月笙出面，对徐庆云的小老婆连威逼带利诱，以五十万元打发了她，保住了徐懋棠的千万家财。徐懋棠既然将杜月笙这尊神请了出来，那就得隔三差五地“上香进贡”，不要冷了杜家的香案。现在杜月笙要开银行，徐懋棠二话不说，出了一笔巨资，成了中汇的大股东。中汇的另一个巨额投资者是松江的朱如山，朱当时是通汇信托银行经理，也是杜月笙的门生。这两位出资都比杜月笙多，但他们只是“应招”而来，贡献出钱财以后，万事由杜月笙做主，杜是董事长。

据说，中汇银行还有一笔特殊的资金来自法国驻沪总领事柯格霖。这位领事先生在法租界“黑吃黑”，吃得脑满肠肥，将搜刮来的大笔钱财也存入“老搭档”的银行，自然不用担心会有露馅之虞。此外，杜月笙的老本行——烟赌——的摊档老板无不是腰缠万贯，杜月笙只要招呼一声，他们的巨额流动资金都从别的银行、钱庄转入中汇。当时开张的时候，银行业的同行都来捧场，送的“堆花”就颇为可观，所以中汇不存在银根紧张的问题。于是，杜月笙的银行一开张，在银行界就声誉鹊起，凭借这一炮，杜月笙在银行业站住了脚。

不久，他又控制了金融界的台柱之一，中国人自办的第一家银行——中国通商银行（由盛宣怀于1897年创办，可见和北洋势力渊源深远）。当时，通商银行的大权掌握在上海工商金融界的一位大佬傅筱庵手中。但他眼光不够长远，当蒋介石的北伐军已经打到长江下游的时候，此君还在到处为北洋军阀的后起之秀孙传芳大帅筹措军费，还组织船队为孙大帅运送军队，所以蒋介石一到上海，就杀气腾腾给了他一个下马威，将他通缉，逼得他逃往青岛租界不敢露面。后来经傅筱庵一帮亲故的疏通，杜月笙、张啸林等人出面向国民政府说情，国民政府撤销了对傅筱庵的通缉令。傅筱庵回到上海后，于1932年6月改组董事会，顺理成章将杜月笙、张啸林等增添为董事。1934年，通商银行花了210万元的巨款，在上海江西路福州路口建造17层的营业大厦，以装饰门面。但到了第二年，由于银行挤兑，银根抽紧，经杜月笙之手将这座大厦以150万元的低价卖给了宋子文组织的中国建设银公司。在这件事上，杜月笙帮助宋子文占了便宜，宋子文则帮助杜月笙继续掌握鸦片市场的控制权。

然而，杜月笙虽然开始只是列名为通商银行的董事，很快地他就成了通商银行的“太上皇”了，这原因，就如同赵匡胤陈桥驿“黄袍加身”一般，有人拥戴，他自己也乐意。1935年5月，通商银行出现了挤兑危机。杜月笙以常务董事的身份出面维持，设法借到些现金，但仍是杯水车薪，无济于事。于是，杜月笙便让人在运钱时以帆布盖着车，露出一些真钞，而究其实，除了露出的真钞外，帆布底下都是一捆捆废纸。卡车开到通商银行门前，在挤兑者众目睽睽下，门徒们将一捆捆钞票搬进去，随即又于夜间从后门悄悄将这些钱运走，如此反复，挤兑者心态渐趋平稳。同时，杜月笙又令门徒拿大把钞票，在通商银行装成存款的样子。他还召集烟、赌、娼各界老板开会，要他们不要赶这个热闹来添乱子。这些老板们看在杜月笙的面子上，纷纷到通商银行存款。如此一来，挤兑风潮最终平息下去，危机终于得以化解。6 月 7 日，通商银行召开董事会，改推杜月笙为董事长，使他取得了通商银行的控制权。这等于晁盖上梁山收拾了王伦一般，后来者居上。

不过，知情人说，本来这次挤兑风潮，就是宋子文等南京国民政府的金融势力和杜月笙一手安排的：他们先让人在银行存下大笔款项，然后突然提款，让银行措手不及（因为银行大笔资金投在营业大厦上），同时警告别的同业，不要给通商银行拆借。这样一来，这银行的现金自然断档，只得上门求杜月笙“排忧解难”。“解铃还需系铃人”，杜月笙给人家下的套，解起来还不容易？上面说到的通商银行大厦贱卖的事，就是在这次挤兑风潮中出现的。从这件事可以看出，南京国民政府从建政开始，就在想方设法控制全国尤其是上海的金融命脉，而杜月笙则和这股势力合谋，趁机坐大。上海的资本家们，如果不和这股力量合流，就只有逆来顺受。这是老派买办资产阶级和二十年代新崛起的军政势力之间的冲突。

傅筱庵对自己大权旁落一事耿耿于怀，可抗不过杜月笙的“人气逼人”，只得忍气吞声。后来，他终于有了一个机会翻身，那就是全面抗战开始，杜月笙避往香港的时候。因为傅筱庵一直和日本人做生意，所以抗战一起，他认为发财的机会来了，不肯随国民政府内迁，日本人也正在物色有身份有实力而又愿当汉奸的头面人物出来“维持秩序”，所以，淞沪战役硝烟还在弥漫，傅筱庵和日本人已经眉来眼去了。日本占领上海，将租界以外的市区改为“大道市”，意出《礼记·礼运》篇中“大道之行也，天下为公”，似乎还真想把个上海滩建成“王道乐土”，但当时的上海人暗中称呼这个“大道市”为“大盗市”，倒也名实相符。傅筱庵在蒋介石的南京国民政府治下一直憋着一口气，现在就自然落水当汉奸，俨然成了这个“大盗市”的首任市长，上任伊始，气焰不可一世。

据说傅筱庵的一位公子在通商银行的楼道里，见到了杜月笙的手下杨渔笙，阴狠狠地招呼他让他夹紧尾巴，说被日本人抓住就活不了，这就是傅筱庵要和杜月笙等人算账的先声了。杜月笙当然听到了这些不利的消息。现在上海是日本人的天下，杜月笙的势力一贯都是在租界里的，而现在日本占领上海华界后，公共租界和法租界当局对日本也已经畏之如虎了，不敢去撩拨日本人的虎须。当时白人出了租界，经过日本占领区的时候，日本军人迫使他们鞠躬，稍有不从就打耳光。这在往日，这些白种洋人早已经暴跳如雷地动枪动炮了，可如今欧洲一场大战将英、法两个老牌帝国打得奄奄一息，对日本这个新晋帝国只好低眉顺眼，洋人受了欺负也只能忍了，何况中国人？所以杜月笙现在忌惮傅筱庵这个落水汉奸也不是没有来由，因为现在轮到傅筱庵“坐庄”了。

傅筱庵得意得太早了。杜月笙自己虽然已经离开上海滩，他的大批门生却还是扎根在上海，傅筱庵要动杜月笙的基业，远不是想象地那么容易。杜月笙离开上海的时候，吩咐他的亲信万墨林、徐采丞留守上海，万掌管内务，徐照应外场，杜家的“天下”依然根基稳固。杜月笙特别关照万墨林，对戴笠军统一系的抗日活动要全力支持。而军统在上海沦陷初期的主要抗日活动就是暗杀落水或即将落水的大汉奸，军统负责锄奸的特别行动组组长陈默，既是戴笠的心腹，又是杜月笙的门生。因为杜月笙还在上海埋下了这一招伏棋，傅筱庵就还是斗不过杜月笙，傅筱庵当上“大盗市”市长不多久，就身首异处了。

原来，杜月笙的门徒和军统特务打动了傅筱庵的一位山东大厨，这位厨子对傅筱庵做汉奸很不以为然，加上军统答应保证他的安全，给他奖金，他就在夜里用菜刀，剁瓜切菜般砍掉了傅筱庵的脑袋。很短的时间里，陈默的行动组暗杀的有前北洋政府的总理唐绍仪等名人（唐绍仪的家人一直坚持唐并非要做汉奸，是被误杀），一时之间那些想做汉奸的人整天提心吊胆。

杜月笙在香港沦陷后转到重庆，开始时手头很是紧张，上海滩上挥金如土的做派难以为继，所以就想着在重庆重起炉灶，再办银行。他在抗战一起就算计好了，让通商银行于 1938 年 4 月与四明、中汇两银行在香港设立联合通讯处，将通商银行各地分支行的有价证券 742 万元运抵香港，寄存于美国大通银行。同时杜月笙关照门徒将上海大部分库存现金及一切重要单据、债券移存美国花旗银行。1941 年 7 月，又从上海抽出 150 万元资金转移到重庆，这正是珍珠港事变美日开战之前不久。1943 年 6 月，杜将重庆分行改为总行，并先后在兰州、西安、洛阳、宝鸡、成都、衡阳、桂林等地设立分支机构，利用投资或贷款，渗入和控制各地的工矿企业。

看看这些调度，不得不佩服他的先见之明。在卢沟桥事变的时候，上海的一般舆论还是倾向于认为这场事变会和以前的“九·一八”事变、华北事变、“一·二八”淞沪事变一样，最终以和谈告终，不会演变成中日全面开战，所以上海还是可以安然无恙。独杜月笙一人未雨绸缪，在报上发表言论，认为抗战很快将波及上海，上海各界应该预作准备，奋起支持北京抗战的二十九路军。他一方面组织抗战后援会支持军队抗战，一方面为自己的基业打算，开始转移资产，以上他对通商银行的处置，就是这种常人不及的先见之明。有人指出，杜月笙之所以“料事如神”，只是因为有孔祥熙这位内线给他通风报信，当蒋介石下定决心开辟淞沪战场全面抗战的时候，孔祥熙第一时间就通知了杜月笙。

2. 布局工商

旧上海形容杜月笙发迹靠的是“三杨开泰”，指杨度、杨志雄、杨管北这三人做他的谋臣策士。从 1931 年开始，杜月笙全面插足上海的工商业，在自己银行家的头衔上又摞上顶实业家的帽子。这真是他风生水起的一年。

这一年，由杨管北开路，帮杜月笙打进状元实业家张謇和他三哥创办的大达轮船公司，杜月笙从此成了水运行业的龙头之一，很快控制了长江的航运产业。张氏兄弟以在南通兴办的大生纱厂起家，在清末民初横踞江苏一带，上到总理总统，下到督军巡按，以及府县衙门，都得买他们的账。

当杜月笙崛起上海滩的时候，张謇故去，张氏的大生资本集团已经破产，张家的势力也土崩瓦解，只剩下张謇的一个独子张孝若苦苦支撑着几个企业，其中盈利还算可以的就是大达轮船公司，因为这个公司垄断了上海至扬州的苏北航线。杨管北趁大达公司遇到困难时，设法替杜月笙和自己收购大达的股票。1933年新董事会开会酝酿董事长人选时，杜月笙指使青帮头目戴步祥率领徒众抢做大达码头的工头，把原工头张金奎及徒众赶出码头。双方发生械斗，警察局长蔡劲军亲自带了大批武装警察弹压，大达码头被封锁起来，轮船无法装卸货物，营业几乎瘫痪。在这种僵局之中，双方反复谈判，尤其是与张、杜两家都有交情的史量才从中调解，杜月笙如愿以偿担任董事长，执掌了大达公司管理权。张謇的儿子张孝若任总经理，杨管北任董事。

杜月笙一旦踏上了航运业的码头，他就要在这个码头发号施令，不肯屈居人后。当时航运业中的老大是虞洽卿，他本是蒋介石的大金主，其公司叫三北公司。此外还有他同乡开办的平安、达兴等公司势力也颇雄厚。他们看到杜月笙插足航运业，心下当然感到威胁。三北公司、达兴公司联名申请航行苏北线，但杜月笙暗中授意，让上海航政局长从中作梗，致其通航苏北的许可证迟迟办不下来。虞洽卿等据理力争，在航运界调停下终于分到上海至海门、启东航线。可是他们有摆不平的关系，杜月笙却能摆平，那就是江上做着“阮氏兄弟”一般生意的土匪。杜月笙却是此道中人，他请出苏北青帮的头面人物“高老太爷”高士奎传话，让这些洗劫轮船的兄弟“看菜吃饭”，只要是大达公司的船就请高抬贵手，至于其他公司，则杜月笙并不干涉。这样一来，上了杜月笙大达公司的轮船，就等于上了一道保险，当然是顾客蜂拥云集。后来，在惨烈的价格战之后，三北公司竞争不过大达轮船公司，只好转而和大达合营，划分势力范围。杜月笙就此巩固了其航运业的地位。

当时面粉业为上海十大行业之一，利润丰厚，这使杜月笙生了觊觎之心。上海小沙渡路有个华丰面粉厂，老板卢少棠嗜赌如命。1931 年他在赌场大败亏输，迫于无奈宣告要将华丰出卖，杜月笙仅以一百零九万元的低价将其纳入囊中，而实际上，这笔钱也不是杜月笙自己掏腰包，他也掏不出。这时正值通商银行董事长傅筱庵解除通缉后从北方回来，为“报答”杜月笙，同意以极低的利率向杜放贷。

杜月笙买到华丰面粉厂后，便把目光放到面粉交易所理事长的宝座上。这个位置可制约大江南北数省的面粉贸易。当时，在面粉业交易所掌握实权的是交易所常务理事荣宗敬及其弟荣德生。荣氏兄弟是无锡人，早在光绪年间就在上海开设钱庄，并投资于面粉业。他们开办的面粉厂，多达几十家，创出有名的“兵船牌”面粉。杜月笙想凭一厂之力夺取面粉业领导宝座，难度甚大，所以必须另出奇谋。

王禹卿多年来主管荣家以“福新”为厂号的十个面粉厂，经验丰富，声望卓著，是荣氏企业的台柱子。杜月笙的第一步，就是以高价将王禹卿从荣氏兄弟手中挖了过来。第二步，打入面粉业的行业协会。当时在上海面粉交易所有两派势力，一派是上海面粉业公会，一派是苏浙皖三省面粉业公会。荣氏兄弟的影响主要在前者。而杜月笙有个得力助手叫杨管北，此人祖上在扬州、高邮一带曾开设面粉厂，故此与三省面粉业公会颇有渊源。适逢1931年国民政府裁撤厘金，改为统税制，这反而加重了面粉商的负担。杜月笙抓住这一机会，亲自跑到三省面粉业公会活动，为减轻同业的负担而奔走呼吁。他的智囊团想出一招，写了一篇致国民党中央的呈文，请江苏省政府转呈中央实业部，要求特准“补助内地实业”，减税50%。当时的江苏省财政厅长张寿镛是杜月笙的好友，中央的财政部长宋子文、实业部长孔祥熙，也都与杜交情匪浅，“交关要好”，请他们做个顺水人情，不过是“闲话一句”。自然，杜月笙的呈文一级级畅通无阻，最终水到渠成地取得批准。各厂商对杜月笙自是感激不尽。于是，在上海面粉交易所的股东大会上，在杜氏暗中支持下，荣宗敬等便以其在维护同业利益上无所作为，受到各方抨击，而杜月笙则在改选中名列榜首，成了上海面粉交易所的理事长，杨管北被选为常务理事。

就是凭着这五花八门的手段，杜月笙当上了许多大中型企业的董事长、董事或理事。但他并不满足。

上海华商纱布交易所利润丰厚，但章程规定只有该所经纪人才可入场交易。杜月笙并非经纪人，所以不得其门而入。但这难不倒他。首先，他的徒子徒孙混入交易所捣乱，迫使交易所暂停交易，后来是时不时去搅和一番，致使该所无法正常营业。而公共租界捕房早与杜月笙沆瀣一气，交易所报警并不解决问题，因巡捕房回答说：“捕房只管屋外纠纷，你们场内纠纷，我们管不着。”到这时候，那些理事终于认识到斗不过杜月笙，只得请他帮忙，好歹生意还可以做下去。这时候，杜月笙就乘汽车来到该所，对那批流氓装模作样地呵斥几声，顿时交易所秩序井然。当年下半年理事会改选，杜月笙理所当然地当选为理事，复经杜月笙“推荐”，其搭档张啸林当选为监事。杜、张并无真正入股，是纱布交易所的大股东吴瑞元奉上的干股。后来纱布交易所又经历了一次风潮，杜月笙最终如愿以偿地登上了理事长的宝座。他真是“及时雨”，只要有地方“刮风”，他就很及时地出现了，然后别人等着“恩承雨露”。然而，往往那些“风”，也是他刮出来的，为的就是要下雨。

杜月笙跻身于金融、工商界之后，又对上海滩上影响最大的一个华人商界组织——上海市商会——的领导权发生了兴趣。此时担任会长的是虞洽卿，其实和杜月笙关系还算融洽。他在金融界、工商界的势力和影响都超过了杜月笙。况且，阿德哥（虞洽卿的外号）不仅从商资历之深非杜月笙这种十六铺毕业的水果行门徒所及，而且蒋介石当年北伐之后东进江浙和上海时，之所以能一举反共，阿德哥也是出了大笔银子的，故政坛的水深水浅，他都趟过。这样的人，杜月笙要直接将他拉下马来，取而代之，一时之间恐难奏效。经过再三盘算，他决定将一个可资利用的人选王晓籁作为替身，将其推上上海市商会会长的宝座。

王晓籁是浙江嵊县人，在金融工商界上层人士中关系较多，被虞洽卿引为心腹。此人还有个外号“多子王”，可以和四川军阀杨森媲美，因其姨太太和子女几乎“多不胜数”。一个可能真实的笑话是说，他在抗战结束后从重庆返沪，进了自家院子，见一小孩在游玩，乃兴味盎然地摸着孩子的头说：“小毛头真可爱，是谁家的孩子啊？”结果保姆匆忙跑出来拉着小孩子说："宝宝，爸爸回来了，快叫爸爸！"

杜月笙对"多子王"施展了先打后拉的手法。当时王晓籁有意出任鱼市场总经理，但不少渔民和鱼行经纪人对王晓籁并不支持，可见他在社会下层没有势力，不能服众，即使虞洽卿在上层支持他，也无济于事，乃向虞洽卿请求辞职。无奈之下，当虞洽卿请王晓籁推荐继任人时，王曾气愤地说："杜月笙！"他或许已经知道，让自己塌台的后台就是杜月笙。这时的杜月笙并未一鼓作气换掉王晓籁，倒是转过头来去拉拢他。杜很畅快地答应让王晓籁留任，只要王听话就行。一得一失之间，王晓籁自然知道如何取舍，以后便逐步靠拢杜月笙了。此后，杜月笙在鱼市场有了股份，被推为董事长。再之后，杜月笙又着手拉拢市商会关键人物之一的骆清华，也无不奏效。眼见得旧日心腹逐步跑到杜月笙那边，而且跟杜是如胶似漆，关系比跟自己还火热，在商场奋斗多年的虞洽卿也心生凉意，去意渐生。于是，在杜月笙的筹划和力推下，王晓籁继任市商会会长。此后，王晓籁对杜月笙更是言听计从，而上海市商会也就纳入了杜月笙影响力之范围内。

3. 操纵工会

杜月笙是旧上海有名的工会"领袖"，这一点说出来让人吃惊。不过这里的"领袖"二字当加上引号，因为他是一个表面上处在超然地位的劳资纠纷的热心调解人，自己绝对不去当什么工会领导人的。但当时上海几个大工会的领袖都是杜月笙的门人，这是上海滩人所皆知的，所以称杜为工人领袖亦不为过。

当时的上海工会有“黄色工会”和“红色工会”之分，前者控制在国民党手里，后者则是中共地下党的地盘。邮务工会的主席陆京士刚从大学毕业就投身工运，年轻有为，非常精干，是上海七大黄色工会中很出风头的一人。杜月笙从别人口中听到陆京士，非常欣赏，派人去找陆京士，说是杜先生想结识他，请他得空来一趟杜公馆。

陆京士初一出道，就得到权势熏天的杜月笙青睐，自是惊喜过望，有点受宠若惊，连忙登门拜访。杜月笙对他大大夸奖了一番，更是让他感激涕零。于是，陆京士顺势提出拜杜月笙为老师，杜月笙满口答应连声曰好，这样，陆京士笼络了自己一帮兄弟友好，合成十一人一同拜杜月笙为“老头子”，这就是所谓的工会“十一股党”。不久陆京士又拉来一帮人合计三十九人一起拜杜月笙的同好顾嘉棠、金廷荪等人为“老头子”，这是“三十九股党”，他们五十人组成了控制上海工会最大的一帮势力。其中，有几个秘密共产党员出于利用青帮从事革命的原因也加入进来，如出身邮务工会，1932年当到上海市总工会主席委员的朱学范，就是中共地下党员，解放后曾任全国人大副委员长。

在1932年以前，杜月笙也出面调解工潮，但次数很少，而且主要在法租界。自从他的门生朱学范等人掌管工会后，他出面调解工潮的次数越来越多，范围遍及全上海。当时国民党的市党部和社会局往往对市总工会施加压力，要求工人不要和资本家对抗，于是工会的朱学范等人就请出杜月笙这尊门神来撑腰。杜月笙出面说话，谁都要卖面子。上海市政府、市党部等机关里都有杜月笙的门生，如市长吴铁城手下管地方政治问题的王绍斋、出身工运后来到市党部管工运并在警备司令部当军法处长的陆京士，和市党部执行委员陈君毅等等。杜月笙一出面调解，当然大家都得给他面子，因为都是“杜氏大家庭”的兄弟。

杜月笙在1931年杜氏宗祠开祠以后，声势如日中天，这也和他经常出面调解工潮有关。因为这些工运领袖每次请杜月笙出面摆平工潮后，总要号召各大单位在各大报上刊登鸣谢杜月笙调解的启事，杜月笙觉得很有面子，也就乐得出马排忧解难。罢工积极分子被警察逮捕了，或者受到其他帮会的威胁，只要朱学范请杜月笙出面，总是迎刃而解。通常是工人被警察前门铐进警察局，朱学范打着杜月笙的名义从后门将这些人保出来。

杜月笙调解工潮与国民党党政机关的态度不完全一样。他好面子，自以为在上海滩上主持公道，“一碗水端平”，所以他觉得自己说出去的话各方面都应该接受，不然就是塌他的场，跟他过不去。所以，朱学范等人组织罢工的时候，事情弄僵了请杜月笙解困，工人这一边，一般都是扯顺风帆，先做一些让步，给杜月笙面子，这样杜月笙就也可以要求资方给他面子，做出一定让步。

例如，有些工厂倒闭的时候，工人要求三个月的遣散费，资本家不肯，形成僵局，无人解套。这时候，或者是焦急的工人，或者是怕事的资本家，来求到“杜先生”，请他出面调解。一般是杜月笙出面跟工人说，某某老板工厂关门了，生意都做不成，经济困难，现在的确拿不出钱，但是工人要求三个月的遣散费，也是情理之中的事情，——这样吧，老板拿不出钱来，他出两个月的遣散费好了，我出一个月，你们也不要难为人家了。有时候他干脆越俎代庖，代表资方答允工人要求。他的口头禅是，某老板不拿出钱来，我出钱，我说话算数。一般情况下，他说得起这句话，因为一般的资本家都不敢不承他的情。但有一次，是 1928 年 12 月 30 日，法商电车公司工人因劳资纠纷罢工，他以法商电车公司的代表身份出场，提出了一个协议，工人依了他的条件，可法商电车公司却不买杜月笙的账，杜月笙就只好自己掏腰包安抚这些工人了。

71

图 71 为杨管北；图 72 为青年杜月笙画像；图 73 为 1913 年袁世凯祭天时的杨度，杨自洪宪帝制失败之后便登陆上海滩，为杜月笙所优待，成为杜公馆重要谋士之一。在杜月笙手下有“三杨开泰”的说法，意指杨度、杨管北和杨志雄。三杨对杜月笙的崛起发挥着智囊的作用。

72

73

图 74 为 1934 年上海滩的闻人聚会，前排自左至右为杜月笙、外商鲍氏、外交家蒋廷黻、上海市市长吴铁城、上海市保安局长杨虎。上海的人脉就如穿行在上海各处的河浜一样，串起了上海这座城市的韵律和节奏。而杜月笙就如同这座城市航运局的总调度员，将不同船只调度进入不同的河浜，充分发挥其运力，他做起这件事来得心应手，而且乐此不疲。

▼74

▲75 杜月笙任董事长，钱新之（永铭）任董事的中汇银行股票

◀76

图 76 为钱新之。为了逐渐洗白自己的出身，杜月笙逐渐从烟赌行业退出，然而杜公馆庞大的日常开销和运营巨大人脉关系网络所需要的巨额资金成了杜月笙的心头大患，杜月笙要提升其社会地位和名望，获得更大的资金支持，不论从哪个方面来说，银行业都是杜月笙选择的第一个关键点，这是当时担任四行储蓄会经理的钱新之给杜月笙的建议。事实上，杜月笙的发展轨迹也确实是按照钱新之所设想的路线在行进，杜月笙首先以其黑白两道的人脉关系，建立了中汇银行，这是杜月笙进军金融业的第一个据点，并且以此为基点全面推开。

▲77 昔日中国通商银行大楼

▲78 中国通商银行大楼今貌

中国通商银行是杜月笙在金融业的第二个据点，成立中汇银行之后，杜月笙的目光瞄准了中国第一家自办银行，盛宣怀创办的中国通商银行。同样是利用黑白两道的势力，杜月笙如同精准的射击运动员一样，一枪命中了中国通商银行的控制权。控制了中国通商银行，就等于将其触角延伸到了全国各地，让他在金融界的地位得到了迅速提升，成为了上海滩首屈一指的金融大鳄，为其以后的工商业布局奠定了雄厚的金融基础。

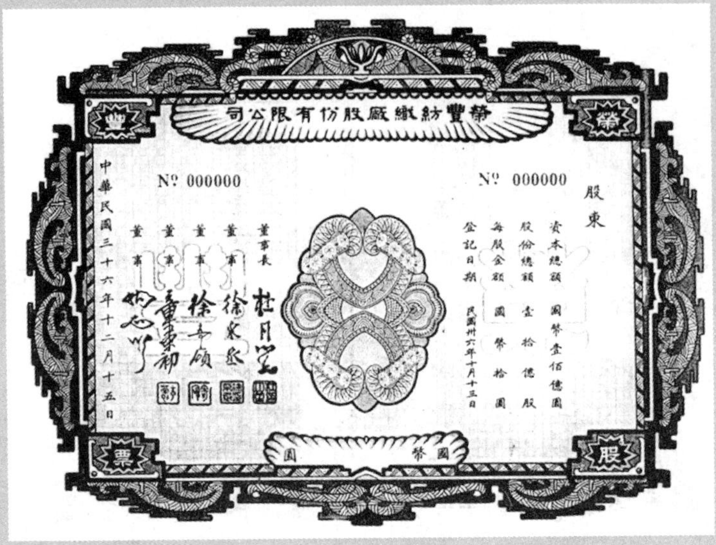

▲79 杜月笙担任董事长的荣丰纱厂股票

▲80 1921 年营业的上海面粉交易所大楼

▲81 虞洽卿（左六）与杜月笙（右三）王晓籁（左五）张啸林（右四）等合影

以银行业为后盾，杜月笙陆续进军实业界，其中以纺织、面粉、航运等为主要领域，直至最终控制上海市商会，建立起自己的工商业帝国。图 80 为 1921 年营业的上海面粉交易所大楼。进入面粉业之后，杜月笙把他猎鹰般的目光瞄准了上海面粉交易所理事长的宝座，并采用常人难以想象的复杂手段，把在面粉业扎根多年，势力庞大的荣宗敬、荣德生兄弟从上海面粉交易所的宝座上扳倒下来了，如愿以偿的掌控了华东地区的面粉交易。最后杜月笙把目光瞄准了上海市商会，甚至不惜排挤掉自己的老相识虞洽卿，通过王晓籁控制了上海市商会的领导权。

▲82

图 82 为杜月笙得意弟子陆京士，陆京士组建的“三十九股党”是当时上海工会最大的一股势力，帮助杜月笙控制着工会力量。图 83 为上海总工会罢工游行队伍。

随着共产党在上海的活动，工人罢工开始此起彼伏，罢工实际上是工人和资本家之间的谈判，有谈判的地方就有利益，有利益哪能离得开杜先生呢？杜先生自己就是工商界的巨子，在黑白两道都吃得开，在调停罢工上的话事权自然不可忽视，况且调解罢工这种事既能赚得名望，又能充实荷包，杜先生自然不会放过了。而他摆平工会的手段倒也为人叹服，大部分人也都能卖他一个面子。他的弟子门徒也掌控着上海各大工会的关键位置，其控制的法商电车工会，甚至成为和法租界谈判的砝码。

▲83 上海总工会罢工游行队伍

小杜城南

第五部

第五部

小杜城南

成名后的杜月笙是个“文雅”的人。这一点从他的外貌、风度就看得出来。

“他身形瘦削，溜肩膀，两只长胳臂毫无目的地摆动着。身子上穿着一袭弄脏了有污点的蓝长袍；一双平脚踏着双邋遢的旧便鞋，没有下巴颏，不过耳朵倒挺大，象蝙蝠的耳朵，两片冷酷残忍的嘴唇中间露出一排大黄牙，完全是一副吸毒者的病态……他拖着脚步走过来，不时无精打采地左右转动头，看看是否有人跟在后面。……他把一只毫无生气的冷冰冰的手伸给我。这是一只瘦骨嶙峋的大手，有五个沾满鸦片烟迹的两英寸长的灰爪子。”这是 46 岁的杜月笙，一位外国女记者笔下的杜公馆主人。这位女士也许是对有关杜月笙“残忍”的故事听得多了，初次一见到杜月笙，居然看到了他“两片冷酷残忍的嘴唇”，将他描述成一个人间怪物。其实，从面子上看，绝对看不出杜月笙是个“冷酷残忍”的人。相反，他是一个看上去文弱而深沉的人。

1. 东方之乐

杜月笙平日不发病时，脾气很不错，对待左右，不打不骂。他与万墨林、郁咏馥（为杜烧鸦片烟的随从）三人，在没有外客时，大家海阔天空，乱拉乱扯，毫无拘束。即使会见外客，他也总是彬彬有礼，绝不会待人冷淡，令人疏远，而他交游广阔，一天到晚，应酬极忙，每每与人接谈，都能做到宾主尽欢。有人说他烟铺上挂有一块水牌，开列着一天中该去应酬的人家。其实水牌是不挂的，每天由账房把接到的请柬帖子排一排队，按着主人的地位与情面大小，分别轻重先后，列成一表，给杜过目后，通知司机、保镖等人，照单行事，可见其人情往还，绝不疏怠。

杜会客时，先是侧耳倾听对方的话，等到人家讲完，才稍微沉吟，再缓缓说上几句。妙在要言不烦，语中肯綮，听者动容。而且杜月笙讲的，一般就是解决问题的办法，道理就在办法之中。有人说他福至心灵，其实这正是他做人的诀窍之一：藏拙。他本来胸无点墨，说话不会有什么文绉绉精彩之处，而且他有自知之明，知道自己不懂的东西很多，所以事到临头，他只拣自己想明白了的说几句，说在要害处，让人有豁然开朗的感觉。于是大家都知道杜月笙不说则已，一说必有道理。

当他在社会上渐渐有了点名声后，为了交结所谓上流社会，以往的穿戴作风就有必要改动一下了。在杜月笙的时代，上海街头的小阿飞或瘪三、白相人的打扮，是可一眼看出的，不外乎帽子歪戴，袖子卷起，烟卷斜叼，手插在上衣兜里，歪着脑袋，拖着鞋子走路，不用正眼看人。势力大一点的，够得上称为“大亨”的，做“马路巡阅使”时，那风度又稍有不同，一般是一水的亮晃晃、滑溜溜的拷绸衫裤，大拇指翘起来，上面一只数里外就晃眼的扳指或金戒指，脖子上是念珠般粗的一串金项链，身边必定还有几个戴墨镜的跟班，吆五喝六，威风八面。

但杜月笙绝非如此做派。他自从进了黄公馆之后，自始至终是一副文质彬彬的样子，尤其是住进了杜公馆，交结了上流社会之后，为了学绅士模样，他很是下过一番工夫。最初穿长袍马褂很是不习惯，但其毅力不凡，以后他做到了，在任何公共场合露面，甚至大热天在家里见客，都是穿起长衫，去见有地位的人，还得罩上马褂。他不但自己这样做，还要求他的徒子徒孙们也这么打扮。但也有人说，杜月笙穿长袍马褂，是因为他身上有文身，他再不愿意昔日下层生活的痕迹留在他的绅士生活中。

杜月笙开始学认字了。1928 年以后，他请人在家教他识字，一段时间每天练写几百个字。几年后，他的程度可以读报了，每天都看报纸新闻，而且看得特别仔细。他会关注各种庆典消息，看看什么人举办庆典没有通知他消息，然后区别情况一一打点。这或许是他运思其人际网络的一个独特途径：看看哪些地方是自己的影响还没到场的。

他说话一向不急躁，现在更是斯斯文文，在公开场合和交情不够的客人面前，他从不随便多讲话。故初次和他见面又不了解他出身的人，一下子识不出他的庐山真面目，绝不知道此人城府之深，手段之老辣，上海滩一时无两。

自从杜月笙当了几十上百家企业的董事长以后，需写字尤其是签名的场合甚多，为免被人耻笑，他对自己的姓名杜镛两字，早晚勤练，居然也写得像模像样了。说起来，他这文雅的名字杜镛还有个来历。

这个名字是民国元勋、国学大师章太炎给他起的。杜月笙怎么和章太炎攀上交情的？有传闻说，章先生晚年索居苏州，虽名声在外，但经济上并不宽裕。某回，章的侄儿在上海法租界与人发生房屋纠葛，就求助于章太炎。章太炎在当时虽只是一搦管书生，但因为是革命元勋，毕竟也有些影响。可他所擅长者也不过是在文坛舞墨、学界耍刀，要他“春秋折狱”或许他还能稍尽绵薄，要办这种“缠讼”的事情，只好徒呼奈何。他情急之际便修书一封致杜月笙，恳请其援手。杜阅信后大喜，顿生“天下英雄尽入吾彀中”之豪迈，不仅鼎力相助，事毕还趁机亲赴苏州，登门拜访，向章“汇报”此事经过，末了在茶几下放一两千元的银票，算是孝敬。章老先生自然感佩不已，对杜的热肠侠义大加赞赏。此后杜“孝敬”不断，见面礼越来越重。两人的关系也日益“铁”了起来。对于这一章、杜订交的缘由，章氏的后人颇不以为然，认为这是无中生有，因为章氏根本就没有什么与人争房产的侄子。但章太炎后来不惜一代朴学大师的身份，亲自为杜月笙来历不明的家族写祠堂记，这件事也足以证明两人非泛泛之交，至于两人缘何结识，倒并不重要。

有一次，杜月笙和章太炎坐谈，不知怎么说到了杜月笙的名字（其时杜月笙还没有改名，还叫“杜月生”）。章太炎谈锋正健，说君家这姓还有些来历，只这名字有些不够雅致。杜月笙不以为意，反而趁势很诚恳地请章氏为他重新起个名字。章太炎对所有经书典籍都烂熟于心，念头一转，马上解释了一番：东方之乐曰笙。《周礼》上说："凡乐事，播镛，击颂磬、笙磬。"郑玄注："东方曰笙。笙，生也。在西方曰颂。"然后，章太炎给他起了一个新名字，大名为"镛"，再在"生"字上加个"竹"字头，月笙作号。这样，一面保存了乳名的原音，一面又寓有发扬光大的意味，典雅不俗。杜月笙一听，喜得合不拢嘴，连声说好。这个名字，的确无懈可击，既典雅庄重，又渊源古拙，还切合杜月笙的出生来历，没有比这更妙的了。从此以后，凡是公开正式场合，他都用"杜镛"两字签名。1930年10月18日法租界当局公布华董的名字，写的便是"杜镛"。不过，私人用章，仍是"月生"，因为他身边常挂着一颗黄金小图章，长度不满半英寸，镌着"月生"两字。

有了一个文雅的名字，结交一帮文雅的朋友就显得多了些底气。

2."兴革旧仪"

1932年11月，杜月笙在陆京士（国民党上海市党部候补委员）等人的策划下成立了恒社，这是一个俱乐部形式的帮会组织。会员平时在俱乐部（有固定会址场地）聚会，吃喝玩乐、聚谈商议，来的人都是杜月笙的门徒。之所以成立这个组织，是因为杜月笙觉得，青帮"开香堂"收徒弟的一套传统方式，已经不适应广收海内"英雄"的需要，也限制各式"英雄"投奔门下了。他在此之前收徒弟，已经改变了很多原来青帮收徒的"繁文缛节"，但他觉得要笼络一批有地位、有知识的心腹，光用青帮还吸引不了人。

恒，是取意于古书上的“天行健，君子以自强不息，如月之恒，如日之升”，隐隐含有以杜月笙为中心，也以他为立身处世的最高“典范”的意思。社名则是陈群给起的。另外还设计了一个社徽，中间是一个斜月和一个大笙，四周有十几个繁星环绕，“众星拱月”的含义就更清楚了。陆京士、洪雁宾（宁波实业银行经理）、周孝伯（律师）、蔡福棠（长丰地产公司）等人任该社常务理事，唐世昌（《申报》编辑）等为该社候补常务理事。构成杜月笙不断增长的权势力量的网络的各种线索，就汇聚在 1932 年 11 月成立的恒社中。恒社作为一个上流人物的组织，其大门并不向杜月笙所有的弟子开放，仅限于有社会地位的人。在 1933 年 2 月至 1937 年 5 月四年间，会员增加了四倍多，由 130 人到 564 人。在已有较详细名单的 402 人中，多数为商人和实业家，占 54%；其次是政客和政府官员，占 24%；再次就是自由职业者（律师、记者、医生、教师等），占 13%；数量最少的是工会（国民党控制的邮电工会）领导人，占 6%；还有军官，占 3%。

恒社重要人物陆京士在恒社 3 周年纪念会议的演讲中，强调了恒社作为杜月笙私人组织的性质，他说，恒社只有一个领导人、一个中心，那就是杜月笙，所有恒社成员必须为杜先生效犬马之劳，其口气，倒颇似当时流传甚广的口号：一个党，一个领袖。到 20 世纪 30 年代中期，杜月笙的恒社，因为和上海资产阶级、国民党政客、政府官员的联系，成了上海青帮中最有势力的私人组织。

从恒社成立到 1951 年 8 月他死为止，杜月笙心目中认为最得力，可以重用，可以托以大事的徒弟，是陆京士。早年，陈立夫曾对人说，陆京士忠于杜月笙，超过忠于国民党。这也可见陆对杜的态度和关系。所以，杜对陆言听计从，所有恒社的主要社务活动，重大决定，都是有陆参加的。杜临终前，电召陆京士到港面诀，而他临终电召的门人，只此一人。

这个恒社，就是杜月笙一帮门徒寻欢作乐的场所。后来因为来的人品位杂陈，有的公然召妓，影响很坏，所以成了绅士、“爱惜名誉”的杜月笙就很少涉足这个场所了。在日常娱乐和嗜好上，杜月笙酒喝得不多，赌则是生平最爱，但他自以为有了身份了，不再和徒子徒孙们一起赌，也不在公开的赌场里赌，而是在自家公馆里召集朋友聚赌，这样外面的人就管不到了。

一个靠烟赌起家而且嗜赌如命的人，居然不再公开聚赌，这是值得寻味的。一个人有所忍，必有所待。杜月笙所期待的，无非是上流社会对他的接纳和认可。“上流社会”既在南京的党国新贵那里，也在北洋的下野要人那里。

3. 朋友不分新旧，友情不论大小

杜月笙如此之大的影响，单单结交国民党上层人物是难以撑起这么大场面的。他的关系遍布全国，在国民党一统天下之前，杜月笙和各路军阀、政客的关系就不同一般。他想尽办法结交各色人物，而且不管这些人正在风头上还是已经落魄，他都能倾心交结。关于交朋友之道，杜月笙有句名言：“不要怕被人利用，人家利用你，至少说明你还有利用价值。”所以，

只要别人求到他面前，无论事大事小，无论认识与否，他极少一概推开，而是尽心尽力，予以帮助解决。

辛亥革命前，那时的杜月笙还只是一个赌场里“抱台脚”的小角色，根本谈不上什么权势，但他的“急公好义”、“讲义气”在江湖上已经出了名。有一次武汉新军中几位遭清廷通缉的革命党人途经上海，要去武汉，连盘缠钱都没有，他们找到了杜月笙。因为革命党（有很多是会党成员）中流传着一个说法，落难到上海，实在没办法就去找杜月笙，不管认识不认识，他都会帮你。果然，杜月笙毫不推托，就开始设法为这几位朝廷要犯筹资。他自己没钱，但想了个办法去讹诈赌场老板。他让这几位杀气腾腾的壮汉拿着几个空香烟筒闯到杜所在的赌场来“闹场”，赌场老板不知这几位英雄来历，忙叫杜月笙过来问出了什么事情，杜月笙一番“交涉”，回报说这几位手里拿着炸弹，是革命党来“借盘缠”的，不给就炸场子。老板慌了手脚，立马从账房支出几百元，让杜去了结此事，杜为了撇清此事和自己无关，还特意推让一番，让老板亲自去交钱，老板不敢，杜月笙就“勉为其难”拿着这一笔盘缠交给这几位革命党人，让他们扬长而去。像这样的事，杜月笙干过不止一次两次。这些人受了杜月笙的恩情，以后也谈不上什么回报，因为他们说不定连自己的命都保不住。但杜月笙不在乎，他在乎的是，自己的名声传得这样远，连素不相识的革命党人也来求自己解困。这样，他杜月笙的招牌就打出去了，他在江湖上就算“有名号”的人物——有了名号，就不怕没有“实利”，“名至”则“实归”，这是江湖上一般不二的大道理。

江湖上传闻，杜月笙不会做对不起朋友的事，所以能够做杜月笙的朋友，那是极有面子的事。因此有很多不认识杜月笙的人，会千方百计托人结识杜月笙。也不一定非得有事才求到他门上，而是认识了杜月笙，成了他的朋友或门生，一般就不会有人欺负上门。的确，如果杜月笙将你当朋友，你不必担心自己在上海滩有什么摆不平的事。

1924年的齐（燮元）卢（永祥）之战，和杜月笙、黄金荣、张啸林等关系密切的卢永祥战败，逃往租界，是杜月笙力排众议，收留了卢永祥和何丰林，将自己的房子借给这二位败军之将，还负责保护他们的安全。后来他们见上海也不是久居之地，就转道日本遁往天津、青岛等地。杜月笙没有落井下石，反而是雪中送炭，这在任何时代，都是非常难得的。

1925年11月，皖系段祺瑞手下的第一员大将徐树铮来到上海。当时皖系和直系争地盘的齐卢之战尘埃落定，皖系在江浙和上海一带的势力已经瓦解。在皖系的卢永祥兵败之后，徐还集结皖系余部，自称江浙联军总司令，率部抵抗齐燮元军队，后来独力难支，被迫出国。他出国不久，由冯玉祥发动的“北京政变”爆发，直系垮台，段祺瑞咸鱼翻身，出任临时执政，立即委派徐为考察欧美日本各国政治专使，让他游历各国，结交外国政要，游历完了回到上海。徐树铮虽然文韬武略皆备，但为人刚愎自负，得罪了不少人，他这一趟到上海，有很多人是等着买他的人头的。所以他到上海之前就密遣代表要求“三大闻人”保护他的安全。虽然黄金荣、张啸林等人不太乐意，杜月笙却满口答应。在杜月笙的劝说下，三闻人亲自上徐树铮的坐舱迎接徐树铮，并一路护送他到达英租界南洋路，自此派人轮班守护，一直到他平安离开上海。可惜，徐后来还是死于非命。他到达北平后，又离京返沪，在廊坊车站被冯玉祥派人捕杀。徐树铮和冯玉祥结仇，是因为徐树铮捕杀了同为北洋军阀的杀人魔王陆建章（曾任袁世凯的军法执行处处长），而冯玉祥是陆建章的外甥（一说冯玉祥为陆建章的内侄女婿）。

杜月笙对皖系军阀如此“情深义重”，不离不弃，那并不意味着皖系的对头来了他就闭门不纳。

1923 年 6 月，受直系军阀控制、向来和段祺瑞不和的总统黎元洪被皖系排挤，被迫辞去总统职务，后来辗转来到上海。他派驻上海的代表早就和黄金荣、杜月笙、张啸林等人接洽安排就绪，因此黎抵达上海时，受到“三大闻人”的热情款待。杜月笙尤其仗义，将自己的一幢洋房粉刷一新，并备妥了全套家具，恭迎“黎大总统”入住。黎元洪以在野之身的一个落魄总统，落难到上海还能住到这样高级的洋房，他对杜月笙等人的观感自然不同一般。尤其难得的是，此时的杜月笙率领小八股党一帮兄弟，亲自为黎元洪日夜护卫，充当保镖。黎在这公馆里，住得有点乐不思蜀，一住就是三个月。黎北返前，再三向杜致谢，临行前又破费，特地定制了十枚纯金的奖牌，分赠杜月笙的手下。黎元洪之行，杜月笙照顾得如此尽心尽力，赚得的最好最珍贵的礼物，要算是黎元洪秘书长、著名的骈文大家饶汉祥赠送杜月笙的一副脍炙人口的对联。

饶汉祥文章出了名的典雅，1922 年黎元洪复总统职时，他有过一个传颂一时的大手笔，就是写了一篇致全国各界的“渔电”。但他有时写文章不惜以辞害义，民国二年黎元洪被选为副总统，答袁世凯的贺电有云：“元洪位备储贰”，大笔一挥将个副总统变成了袁世凯的“太子”，这就是饶汉祥的手笔。饶汉祥这一次赠给杜月笙的一联，倒没有出如此“昏招”，而成了民国时期的经典“绝对”：

春申门下三千客；

小杜城南尺五天。

将杜月笙比为战国时名动天下的“四公子”之一，楚国的春申君，又将其家族比作汉中世族杜家。《辛氏三秦记》形容韦、杜两大族地位特高，权势显要，几可和帝王比肩：“城南韦、杜，去天尺五。”楚国春申君黄歇封地本来就在上海一带（故上海也称歇浦），据说上海“申城”的别名就是来自春申君。这一联用典文雅，将杜氏的豪爽好客、声势煊赫描写得淋漓尽致而又不露媚态，而且切合杜月笙发家之地，不愧是文章大师。相比之下，杜月笙的门客和老友，也是文章高手的章士钊拍起杜月笙的马屁来就太露骨了。抗战胜利不久，杜月笙60岁生日，鉴于“时局堪忧”，杜月笙没有像杜祠开祠一般，大办一场，但在这个生日上，章士钊给杜写了一篇寿序，文章古奥，而善颂善祷，将杜月笙的抗战功绩居然提到堪比“蒋委员长”的高度去了，这样的寿序居然还有孔祥熙等人的签名，一时传为笑谈。

杜月笙也有自知之明，捧人不能捧得太过，“过犹不及”。他觉得还是饶汉祥的对联最切合自己的志趣和身份：慷慨好客，散尽千金，不官不民，一呼百诺的“一品老百姓”。所以杜得到饶汉祥这一副对联，如获至宝，将此联特请名家雕刻为黑地金字，悬在杜公馆客厅的两楹。此外，杜月笙公馆的门联是："友天下士，读古人书。"上联是名副其实，下联就有点近乎讥嘲了。

1931年"九·一八"事变，张学良丢失东北，成了全中国人神共愤的卖国将军，不久就胀着一肚子气黯然下野，和于凤至来到上海散心。杜月笙对这位"过气将军"照样待之以上宾，尽心伺候，不让张学良有半点冷落之感。那时节张学良沉湎于毒品，面如死灰，精神不振，杜慨然为之策划治疗。所以张到沪不久，就迁居福煦路181号（原来张啸林在这里办了一个上海滩闻名的豪华赌场），杜月笙居然请出了当时的卫生部长为张制定戒毒计划，足见其神通广大。经过一段时间后，张学良慢慢脱离苦海。所以，杜月笙逢人便说，"汉卿有决心"。

杜月笙眼光远，不孜孜于近利，不论当权的或在野的，他都肯折节结交。对于有些落魄的名士，也给以接济和收养，以笼络人心。有一个姓杨的，曾任福建督军的秘书长，卸任时，将历年搜刮所得，装了六只大皮箱，其中全是珠宝古玩，派人押运来上海，准备在租界当寓公。不料船到上海后，发现六个箱子全不翼而飞。杨得讯后，请松沪护军使代为查访，毫无结果。改请杜月笙帮忙，只三个小时，就全部追回来了。杨某感激之余，拿出4000元，请杜月笙转酬其部下。杜月笙坚辞不受，说："自家人，交个朋友。"这算是运气好的，有些人同样失财失物，求到杜月笙时，虽也能拿回原物，但得破一笔财，因为那窃贼将物件全送进当铺，看"杜先生的面子"，还过来一叠当票。

杜月笙还供养着一大批军政界失势的名流，如筹安会六君子之一的杨度，在袁世凯帝制失败以后避居上海，杜月笙请他做秘书，每月供奉大洋五百，还送一栋住宅。杨度在清末民初可是“帝王师”一流的人物，居然被杜月笙收罗来，可见杜的气派不小。此外袁世凯多年的心腹秘书张一麐亦受过杜的接济，原任北洋政府教育总长的章士钊，在政界失势之后也成了杜的法律顾问。此外上海滩的名律师秦奎联也是他的法律顾问。杜月笙有什么事情需要打官司，就让他们两人出面，没有不赢的道理，这两位虽然贵为上海滩上的一流大律师，却甘愿为杜月笙效“犬马之劳”。当然，杜月笙给他们的好处不小，过年过节都有红包，此外如果是为一些富翁打官司、敲竹杠，这些律师是可以捞不少的，而杜月笙向来包揽替富翁了断家务的纠纷，这时候让这几位律师出面，既体面又实惠。

也许，在杜月笙成为绅士的路上最有用的，还不是这些军政界名人，而是上海的文化与新闻界人物。上海滩最著名的明星电影公司曾得到杜月笙的大力支持，其摄影棚还一度就设在杜月笙的一处宅子里。为了报答杜的保护与支持，杜月笙开祠的时候，电影公司免费为这盛大的场面拍了一部纪录片——这是上海的第一部纪录片。他的势力稍有规模之后，最为用心延揽的就是新闻界的记者、编辑和老板。杜月笙一度是上海两大报馆《申报》和《新闻报》的董事，还是《商报》、《中央日报》等十一家报馆的董事长或董事、常务董事，所以杜实际上控制了上海的新闻舆论界。《新闻报》的编辑唐世昌，是他在新闻界收的第一个徒弟，以后上海滩上不少著名报人也或明或暗投入他门下。这些人依附杜月笙后，不但职业有保障，而且每月有津贴，据说有些人拿到的津贴数额还不少，按当时币值，将所得津贴存入银行，一年可买一辆轿车。然而，吃新闻饭的人，也等于吃杜月笙家的饭，所以不给杜月笙面子的话，也就饭碗不保。

据老报人徐铸成先生回忆，当时的上海，虽然报馆林立、文人丛集，表面上看来新闻界百无禁忌，光怪陆离，但大小报纸有个不成文的规矩，就是绝对不能说“杜先生”不乐意听的话，于是许多重要新闻，甚至排好了版的头条新闻，只要杜月笙“闲话一句”，往往会忽然不见。靠此力量，杜月笙帮助不少达官贵人抽掉了不宜外扬的家丑或“性闻”。然而，谁受其益，也就得为他所制。杜月笙给人摆平了一桩麻烦，帮人渡过了难关，异日他有事托付，那人是绝难开口拒绝的，毕竟人情往还，有来还有往呢。于是他通过这个途径又结识了一大帮上层人物。总之，在上海的舆论界中，没有杜先生抹不平的事情。

1932 年，上海“一・二八”抗战中的铁军十九路军得到全国的大量捐款，总计九百多万大洋（其中杜月笙出力最大），除了冲抵积欠的军饷外还有大笔余款，十九路军将其存入上海某银行。不久十九路军开赴福建“剿共”，继而和红军接洽起义了，国民政府当然毫不犹豫地要没收十九路军的全部财产，连带要将其存款的这家银行一并充公。这项决定是通过上海的“群众大会”公布的十项决议之一。银行老板惶恐至极，遭这天大无妄之灾，却只能坐以待毙，因朝中无人，同业也避之唯恐不及，无人援手缓颊。有人给他指出一条生路：“去找杜先生试试看。”杜月笙听了这老板的一番苦情，稍一思忖，让万墨林打电话（万识字不多，记性却极好，记得几百个电话号码，只要杜一吩咐找谁，他就可以提电话开打），叫来上海社会局局长吴醒亚、报纸编辑唐世昌以及其他一干谋士，当着银行老板的面解决此事。吴面有难色地说，此事已经在群众大会上公布，明天就要见报，木已成舟，万难挽回。杜想了一下，盯着吴醒亚说："醒亚，你只要说一句话，你是不是有心帮这位朋友一个忙。"吴忙不迭点头说，当然当然，只是确实无法改变了。杜却说，好，既然你有心，就有办法。他转过头对唐世昌道，明天见报，群众大会的新闻还是照登，不过——那十条决议改为九条，将银行充公那一条取消，只要社会局不追究，我想不至于还有人不识趣来较这个真儿。在座诸人面面相觑，那老板却是感激得连磕头的心都有了。于是一桩板上钉钉的事，居然就这么打消于无形。这种操作办法，是杜月笙利用新闻界的势力来摆平麻烦事的常例。

他最得意的是日本元老西园寺到上海时，亦对他表示亲近好感。有一次杜月笙和范绍增闲谈，说起自己和西园寺一直保持联系，范还将信将疑，认为其吹牛，后来范的儿子去日本留学，杜月笙写了封信交给范的儿子带给西园寺，果然大受关照，范这才大开了眼界，对杜月笙关系之广实在佩服至极。

其实，日本人知道杜月笙的民族情感很重，明的暗的支持各种抗日活动，所以他们一直想收买杜月笙。曾做到日本海军军令部次长、海军部长的永野修身（是制定并批准偷袭珍珠港的海军将领）某次来上海，特意拜访杜月笙，提出日本军部和杜月笙合资创办金融事业，杜月笙婉拒了。永野修身乃进一步提出，日本军部可出资两千万日元供给杜月笙，为其所用，而日本方面并不具名，他们的意思，只要能和杜月笙形成合作关系，代价是在所不惜的。然而杜月笙仍旧不肯上钩。他当然深知，这笔钱拿起来烫手，一旦伸手，就被日本人套上了缰绳和羁头，会有那身不由己的时候。杜月笙一辈子弄钱用钱要钱，岂不明白此种道理？但由此也可见，杜月笙的势力之大，已经大到任何想左右上海局势的势力，都不得不主动来结交。甚至连李顿调查团来到上海，杜也曾盛情招待。

他的朋友超出了上海，超出了中国。

4. 人在江湖

有人的地方就有“江湖”，反过来说，“江湖”也就是人海。浪迹江湖首要的是得人心，得人气。当年上海滩上对黄、张、杜三闻人的评价是，黄金荣好财，张啸林好打，而杜月笙会做人。黄金荣好财是上海滩上众所周知的事。比如，青帮“老头子”收门生的时候，门生一般都得“孝敬”老师一笔拜师费，少则几百，多则几千。黄金荣很看重这一笔收入，对有人来拜门生帖子，来者不拒，结果闹出不少“爬香头”的事来。所谓“爬香头”，也是帮会切口，是指门生拜过一人做老头子后，又越过自己的“老头子”和老头子的老头子攀师徒关系。这是帮会大忌。但黄金荣既是“大”字辈人物（他实际上是个“空子”，就是并未真正加入青帮，排不上辈分，但又自称在帮的人），对帮会规矩不放在眼里也不是第一次，他收的门徒里就有不少为了炫耀势力而“爬香头”的“叛祖”人物。张啸林好打，这人及其手下动不动就“以武力解决”，横冲直撞，气势汹汹，霸气十足。虽然“三大闻人”里就张啸林文化水平高，但也只有他行头最粗鲁，三字经不离口。杜月笙“会做人”，但“会做人”这三个字说起来简单，“做”起来真不容易。

“会做人”首先就要会“看人”。据说，杜月笙品评天下人才，列为四等：有本领而无脾气者列为上等，有本领也有脾气者列为中等，无本领亦无脾气者为下等，至于一无本领反而有脾气，则根本不入流。根据他这标准，他自己无疑是上等了。他看重的人才，是那种如韩信可忍胯下之辱而终能奋发有为的人，所鄙弃的是那种一挫即折、表里不一的人，至于是否人品端正、才干杰出，倒在其次。他的门下鸡鸣狗盗、鼠窃狗偷者众，只要不犯他这评点“人才”的几个忌讳，是不会被他鄙弃的。他曾受严九龄等英租界大亨之辱，曾受法租界华董魏廷荣等绅董派之辱，曾受李宗仁之辱，这些他都忍了，忍过之后他却以自己的实力来争取到这些人的畏与和——未必是敬。

杜月笙如果看准一个人是可造之才，将来大有发展前途，那么一定要竭力结交，哪怕现在他一文不名默默无闻，哪怕将来他照样窝囊一世籍籍无名。他之结识戴笠就是一个最好的例子。在他看来，世间最划得来的买卖，既不是求田问舍买地置产，也不是贱买贵卖滚利生财，而是“买人心”。话又说回来，真正的“人心”是“买”不来的，是用“心”“换”来的。

他用人也有一套，即用人之长，避人之短。杜月笙最信任的门生陆京士在杜死后回忆说，杜月笙一生严格遵守他所创立的几个原则，其中最重要的即是“知人善任”，他无论在何种情形下，处理人事问题，从不假手他人。他脑中仿佛有一个巨大的人事资料库，但凡他接触过的人，这人的脾气性情爱好乃至才干长短，他都能琢磨出几分底细，若交往几回，则此人就被他琢磨透了。一旦有事，这些人事关系一索即得，脑中马上能想起这事哪些人可以派上用场，该怎样摆平。每一次国民政府有什么新的党政和经济政策出台，杜月笙都会请来一帮专家和智囊开会，向他讲解、介绍情况，商量对策，这就可见其囊中人才茂盛。他自己不懂的事，一定请别人不厌其烦地教他。杜月笙最为人所不及者，则是所有他的门生和朋友，其生活情况他都了然于胸，谁最近缺钱了，他知道了，准会主动派人或亲自送上一笔救急。

杜月笙一生的影响力就奠基于这么几颗对他死心塌地的忠心和衷心上。这些人心都是他一手培植起来的。例如川军师长范绍增，就因为杜月笙看中了他的性情与用场，用心结交，建立了情同手足的关系，从而使他抗战后期转至四川时照样能得风得水。不过范绍增活到了解放后，回忆起杜月笙的时候，倒了不少关于杜月笙的黑幕。

论范的职务，他不过是杂牌军川军的一个师长，但他是长江上游一带赫赫有名的袍哥首领，所以其势力不是一般的师长可以比肩的。而且他很有钱，是四川数一数二的财主。杜月笙和范绍增拉上关系，是有一次杜的一个朋友要去四川开办“吗啡厂”（盈利比贩卖鸦片要高得多，但杜月笙自己不干，成全别人干），杜写了一封介绍信，希望范绍增保护一下，范绍增对杜月笙是“神往”已久，只是无缘识荆，现在当然巴不得为杜月笙做点事以示好。杜月笙很领情，凡是捧他的人，他加倍捧还。后来范绍增特意来上海游玩，杜月笙待之以上宾，吃喝玩乐样样奉陪，将范绍增款待得受宠若惊，从此对杜月笙服服帖帖，有求必应。

杜月笙对范绍增的结纳，真的是不遗余力。三十年代范绍增参与“剿共”，在洪湖和后来的贺龙元帅作战，肩膀受重伤，关节都打碎了，杜月笙听到这消息，连夜派得力手下去将范绍增接到上海，请上海最有名的外科医生给范医治，保住了他一只手臂。范绍增在上海将养了大半年，杜月笙就当他是亲生兄弟，事无巨细地照顾，花的全是杜月笙的钱。这段时间，范绍增看上了上海滩上一位叫黄白瑛的红舞女，追了好几个月，花了不少银钱，结果那位舞女还是不肯轻易委身。范绍增在上海滩上不敢放肆，伤愈只好怏怏回到四川。不料，杜月笙知道这事以后，不知使了什么方法，竟迫得这位当红的舞女“负荆请罪”，由杜包了专机飞到四川让这位大老粗“一亲芳泽”，了结他的“相思之情”。杜月笙待他如此，范绍增岂不感激涕零。

所以，不用杜月笙招呼，范绍增就自己想着法子来报答杜月笙，不要让杜看轻了自己这个朋友。当时四川是出鸦片的地方，范绍增弄几百担鸦片是小菜一碟，这些鸦片运到上海来，则价码立刻翻上好几番。有一次范绍增特意采购了一百担上好烟土，自己打通了沿路的关卡税局，送到上海来交给杜月笙，分文不收，当做礼物送给了杜月笙。这一笔礼，价值几十万元。抗战期间，杜月笙开始时逗留在香港，香港沦陷后几乎是只身一人来到山城重庆，人生地不熟，开始时很不得意。这时候范绍增很慷慨地送了杜月笙一套依山的别墅，有时，杜月笙入城接洽应酬，则总被招待住在重庆最大的建筑“范庄”，这是范绍增的住宅之一，一部分被孔祥熙租用。这也可以说是杜月笙当年种下的人情开花结果了。

杜月笙做人有一个特长，就是会“捧人”。他想要结交人，总是先找与这人有关系的亲友，表示对这人的仰慕和恭维，使人乐于和他见面。他结交人的手法也跟一般人不一样，见面时表现很亲热谦虚，一经见面之后，他觉得此人值得一交，必然千方百计在其他场合，或在与这人有关的人面前，将这人大大恭维一番，使得这些话传到对方耳中，叫这人从心眼里感到高兴，认为杜月笙对自己真不错。这种捧人的手法，无以名之，只好叫“旁敲侧击”法，比起那些当面奉承的拍马之术来说，更为委婉，效果反而更好。

5. 生财无道

无疑，结交人心是需要钱的。杜月笙过着日进斗金的生活，也过着挥金如土的生活。1931 年杜氏家祠的开祠典礼，是百年来上海空前绝后的奢侈典礼，也是杜月笙豪奢作风的经典写照。杜月笙花钱真的做到了“如流水”，若不信，且来看杜月笙在春节发压岁钱的场面。

每到夏历十二月二十四日，通商银行的账房田洪元就给他预备“红包”两千个，每个两块钱，这是给一般司机，仆役和巡捕等人的，另外，还预备好两百个金“四开”（金币），朋友、徒弟们带自家小孩子来拜年，就派送这份，此外还打五十个金洋钿，这是专给认的干亲——干儿子、干孙子们的压岁钱。而从大年初一的早晨起，杜公馆就门庭若市了，一批批拜年的人纷至沓来，各色人等都有，徒子徒孙们向杜下跪磕头，其余有鞠躬的，有打躬作揖的。甚至大凡坐汽车来的，每一汽车连保镖都要打发三四个“红包”。发得最多的是巡捕，他们有时四五十人一大队，到门口高喊：“向杜先生恭喜来了！”于是就有人请他们在大门外站好，每人给一个“红包”，发毕，他们喊一声“谢谢杜先生”！喜滋滋就转身走了。还有一些小流氓地痞，新年也来成群结队地拜年，也绝不会空手而回。大概不到年初三，两千个红包就发完了，这就得补办数百个红包。杜自己也要出去拜年，第一处总是先到钧培里黄金荣处，第二处是到他的老头子陈世昌处，这是其不忘本源之意，而其他地方只投一个拜年名片。黄金荣处他每年年关总得孝敬上万元，陈世昌处“规格”也差不离。

粗粗一算，他过年的压岁钱每年就要花好几万元。一年总共要花多少？这个外人不得而知，但有人说，除掉他大笔额外的应酬外，向各省军阀政要等送礼不算，单单他公馆的开支，每年就不会少于二百万元！

他的钱从哪里来？说老实话，这些钱大多是不义之财，这是说他生财“无道”的第一个意思。他钱财的来路，第一当然是做鸦片生意，这是他起家的行当，也是他聚财的聚宝盆。三鑫公司每年的收入，研究者估计至少有五千万元，以1925-1926年为例，接近六千万元。1919年北京政府全部财政收入2.95亿元，到1925年也只有3.45亿元，而三鑫公司一年的收入相当于北京政府财政收入的14%-20%！这其中的利润，杜月笙等三巨头当然抽大头。大土商除了有特殊的大买卖必须抽取一大笔钱孝敬之外，每逢一年三节也要交上一笔钱。甚至三鑫公司在巡捕房的暗许下，还根据烟馆烟枪数来“抽税”（就是由三鑫公司发给准许抽大烟的“牌照”，这样的牌照一月固定得交多少钱有一定之规），一根烟枪一晚多少钱，都得按时上交，不交或隐瞒烟枪数，自然有杜先生赏赐的“好果子”吃——他是“水果月生”哪！

另外，开赌场也是他的一大财源。他自己不出面，让杜门大将顾嘉棠“抱台脚”，他的开山门弟子江肇铭等充当管事。

再次就是包揽诉讼、绑票勒索。成名以后，这些属于“下三滥”的事他当然绝对不“沾手”了。但不沾手并不是说他从中赚不到钱，只是他从中生财的手法更巧妙罢了。这些包揽诉讼的人，每得一笔钱，照例都得孝敬杜月笙一笔，否则在上海滩“罩不住”。上海滩上著名的大律师章士钊是杜月笙的座上客，但他每打一笔官司，如果是得了不义之财，肯定得和杜月笙分成。据熟知内情的人说，大概八万元的律师费，得有两万元进了杜月笙的公馆。当然，杜月笙会“返利”回去——过年过节，对章士钊这些门客兼智囊，总有一笔不菲的厚礼。

杜月笙敲竹杠很有技巧，体现了上海人典型的精明和雅致。1930年五卅惨案之后，上海各界掀起抵制日货运动。当时轮船业中有个华新公司是富翁黄振东的独资企业，一向与日本的轮船公司山下株式会社有业务往来，其业务主要是从海外运糖进口，而进口地之一就有日本。当时的抵制日货，雷厉风行，有被查处贩卖日货的，要被戴高帽子，牵着游街，人身受辱不说，重则破产，轻则破财。这种场合，就给了杜月笙等人敲竹杠的机会，陈群和杨虎扮黑脸，杜月笙扮白脸，只要碰到了对象，总由杜月笙出来说情了结，大事化小，小事化了，使被敲诈的对象感激不尽。有一次“经济绝交大同盟”召集商人开会，黄振东也是被召之人，被召去的人都要在会上做出不卖日货的保证，轮到黄振东说完，便有华新公司的职工当场检出账册单据，揭露黄贩运日本糖。这真叫当场对质，罪无可缩了。黄振东当场就被扣押下来，场面非常紧张。于是黄的家属如热锅上的蚂蚁，连忙走黄的结拜兄弟杨管北的路子来求杜月笙（杨是杜门“三杨开泰”的三杨之一），结果由黄振东捐助四十万元，杜月笙保释了黄振东。

在黄振东的心目中，杜月笙是天大的恩人，救了他的命，保全了他的财产。由于黄振东的生意几乎全靠着和日本山下株式会社的往来，所以为了一劳永逸地解决问题，就干脆拜杜为师傅，等于请一尊门神。当杜月笙的祠堂开祠的时候，黄振东还特别以十万元的代价，在江南造船厂定制了一艘华贵的游艇，定名“月宝号”，专供杜月笙游览浦江之用。黄振东哪知道，他的商务往来秘密，完全是他的结拜兄弟杨管北泄漏出来的。杜月笙出来为这些破坏抵制日货规则的商人担保之后，他们以后肯定可以继续和日本做生意，但别人若也来敲竹杠的话，就揽不下这活。经济绝交大同盟的尹志衡向别人敲竹杠，结果被警备司令杨虎枪决了。

他一向以不挡人财路而为江湖兄弟所称道，凡是在上海发生了绑票勒索等案，有人托他去帮忙解决时，他明知是哪一路人干的，只要他“闲话一句”便可让人平安无事，但他却从来不肯轻易答应做这种事。不是没有杜月笙办不了的事吗，他极少伸手的原因何在呢？恐怕，一方面是那些亡命之徒，一般都是三五成伙，各自作案，毫无统属，而这些人和青帮日常的营生也不是一路，另一方面，也是害怕别人说他与匪徒勾结，影响自己名誉，牵扯不清。

到他成为立足于工商、金融的实业界巨头以后，财源就更广了。就靠这些职位，他也进账不少，一个董事长，平均至少要得一千元薪金或车马费之类，还有其他干股的红利等等，算算这笔账，他每月就要收进一二十万元。

说杜月笙生财无道，第二个意思是杜月笙其实缺钱。他有这么大势力和场面，都是钱铺出来的，所以花钱把他花成了“空心大老倌”。每到年关，他都得挖空心思找钱来撑场面，缺的不是一万两万，动辄几十上百万。他之所以办银行，一个原因就是看中了自己的银行可以大笔挪用资金。据他的管家回忆，杜在抗战开始后离开上海去香港之前，特意让他算自己历年到底欠下了多少债，一算吓一跳，居然高达三百万元。这些亏欠，到抗战胜利后居然都补上了，其原因，并非杜月笙忽然经营有道，而是抗战期间法币大为贬值，杜月笙原来欠下的几百万，现在以金条换算，值不了多少了。

6. 花钱有道

如果说杜月笙生财无道的话，相反的，他花钱却很有一套。有一次他和范绍增闲聊，说到用钱之道，他得意地对范说：“用钱要用在刀刃上，花一分钱要有十分钱的效果，那才叫花钱。”

杜月笙肯用钱去收买人心，会用钱去除难排纷。他每年要花一大笔钱买药到高桥故乡去施舍，冬天，则买棉衣去发放。夏天免费施送些消暑的药水，还通过慈善团体施舍棺木。另外，他还在家门口给一些向他求告的人一点施舍，凡是来求告的，都要经万墨林等盘问属实，然后发给一个卡，凭卡可以到他指定的钱庄去拿几块钱，或者到菜市街协仁祥衣店去领一件棉袄裤或棉被，等于私家办了一个救济所。

上海那时候有许多慈善家，其中真正肯花钱的，却大多不愿露脸出名。其原因，则是一旦露财之后，恐被绑票和敲诈的不法之徒盯上，谁也不愿花了钱反而自找苦吃。正是由于人们普遍存在这怕露财的心理，就给杜月笙这一类慈善家留下大大露脸的机会——他不怕露财，不怕出名，因为，上海滩谁敢来动他的歪心思？

1931 年国内遭了一次百年罕见的严重水灾，殃及地区之广，民众苦难之深，情形之惨，实在不忍目睹，而上海新闻报道对此惨剧的展露和揭示，也实在动人心魄。当年北洋政界的下野名流如许世英、王正廷、关炯之等，上海工商界的领袖如虞洽卿、闻兰亭、王晓籁、袁履登等人，都参加了这场救灾赈济的慈善事业，但他们如众星拱月似的围着杜月笙办事，杜月笙的姓名从此就和这些出身绅商的名流联系起来，鸣谢“大善士杜月笙”的广告不时在报纸上大幅出现。这就是杜月笙造成声势的主要原因之一。当时外国人都知道中国的杜月笙是慈善家。这些慈善事业，无疑花了杜月笙大笔的钱。有他出面的募捐活动，动辄成百万、上千万的款项，其中杜月笙至少要出几千几万的“引子”。

许世英某次去找杜月笙募捐，拿了几块上好的印度烟土来找杜月笙，却先不说由头，他问杜月笙现在这样的烟土市价多少。杜一看，沉吟一下，说这样一块烟土至少 200 块大洋。许说，那好，杜先生，现在有桩善事需要劝募，您看能不能买下这些烟土，价钱就相当于您的捐献了。杜一听，二话不说，当场就叫账房如数照付。许留下烟土，满意地走出杜公馆，回到自己小车上，司机却说，烟土杜公馆的人已经送回来，放在汽车后座上了。这就是杜氏风格。有些杜想结交的人物来杜公馆，如果对他公馆里的什么玩意儿感兴趣，等人离席或离开的时候，准保那桩东西就送到了人家司机手里或家里。如有人在他家看到笼子里一只鹦鹉挺好玩，临走还恋恋不舍，结果回到家时那架鹦鹉已被送到他家里了。

民国时期，有各种各样通过非正常手段攫取了大量财富或权势的官僚、军阀和杜月笙式的强人，这些人取得地位以后，往往会通过或多或少地参与“做善事”来回馈社会。上海滩青帮出身的大亨为数不少，也不只是杜月笙一人参与慈善，如汪伪76号的吴四宝，无恶不作，但同时却又施棺济贫，他死于非命的时候上海滩有万人为其致祭的场面。对于这类现象和这类人，胡兰成有个精辟的概括：“无恶不作，众善奉行。”他们所作之恶，是其走黑道的生存之道，所奉之善，则是中国社会向来对传统士绅的要求。在这个转型时代，黑道人物却习得，或者说留存了，某些白道的风仪。常说“功过相抵”，其实功过何尝能相抵，善恶亦不能互济，杜月笙辈的悲哀，就在于他们永远都无法漂白自己的恶，他们只能带着这身奇妙的反差，沉淀在历史的传奇中。

杜月笙的烟赌生意需要大笔的钱来打点关系。由他出面供给“俸禄”的人士不外乎以下几类：一、手中握有大权力者，如法国的领事与巡捕房总监，南京的党国要人，这些是政界中人，他们掌握的是合法的暴力，自然比杜月笙之辈的不合法的黑社会暴力更值得后者“孝敬”。换言之，杜先生也要交“保护费”，不过是交给那些军政界的上层权力；二、各衙门中与之有关的部门，许多中西探长，逢年过节，他都要送一笔厚礼，动辄一两千元，少了送不出去，这些人手中的权力，是他们在上海滩这个地头上，永远都撼不动，只能利用之的势力；三、新闻界人士，这就是杜月笙在上海滩能影响舆论的主要力量了，这是他办事时软的一手；四、帮会首领，这是他办事时硬的一手；五、各路朋友，他主要凭借这些三教九流、百业千行中的大小人物，来扩大其在社会、文化和工商界的影响力；六、可能铤而走险，对他的生意构成威胁者，这是要预先排除的“地雷”，先打点一笔钱，就掐掉了引线；七、旧日友好，这是杜月笙绝对不会抛弃的一批人，否则他就不是杜月笙了，也不会有那么多人抢破头要来当杜月笙的朋友了。这些人，杜月笙无一不送一份“俸禄”，有的是为“破财消灾”，有的是为“广结善缘”，有的则是纯为友情而表示“嘘寒问暖”。这就可见杜月笙和黄金荣、张啸林不同。

此外，那些直接为三鑫公司效力的人，从松沪护军使到各级衙门，每一个人，按照盈余数字，分派好“红利”、“俸禄”标准，一年三节，届期结账。于是达官贵人、地痞流氓、巡捕军警、散兵游勇，人人都得好处，个个皆为他卖命效力。

从杜月笙结交朋友的手法，可以看到他的花钱之道。在重庆的时候，一次，范绍增约杜月笙到自己的公馆里去搓麻将，一夜“长城”砌下来，范绍增输了近千万元。当时的“法币”还相当值钱，这一来，范绍增在银行的存款，空了一大半。他尴尬地开了一张支票，递给正在烟榻上过瘾的杜月笙。杜月笙接过，笑着说：“玩玩吗？老兄怎么认真起来，太见外了。”说完，就把支票放在烟灯上烧了。还有一次，杜月笙和川帮的一个大财阀一起打牌，一夜酣战，那位财阀输了二三百万。支票递到杜月笙手中，杜月笙连声说：“笑话，笑话！”随手就撕成碎片。这种情况或许有夸张的成分，但衡之杜的做派，其情形也不会相去太远。与之相比，同为“三大闻人”之一的黄金荣的作风，就显得有如小丑了。黄以势利眼待人，敬客的香烟是分等级的：普通客人奉以大前门，中等客人奉敬白锡包，上等客人则为茄力克，再高级一些的，就以上好大土供给。对于子弟也是如此：身价较低的门生，见面点一下头，就算敷衍过去了，对于地位高势力大的门生，才显得亲近一些。但杜的这种花钱的办法，却照样回报丰饶。如四川的财政官僚和银行家刘航琛当年得罪了四川本省某位军阀，有丧命之虞，被逼到处避风头，杜月笙听了这消息，却深情厚谊将刘航琛接过来收留招待，花了不少钱，还为他走通孔祥熙的路子解开了过节。后来杜月笙到四川，手头紧张，刘航琛在自己的银行开出了一张上额一百五十万元的空白支票，说一百五十万之内杜先生自由取用，过了这个数目先给我打个招呼就可以了。

他非常注意利用送礼来出风头和拉拢人。他送礼送得也很文雅，让人看不出粗俗的痕迹。抗战前，蒋介石提倡“航空救国”时，他立刻表示响应，买了一架法国教练机送给了上海飞行社。后来，抗战时期任第三集团军总司令的孙桐萱，其弟孙桐岗从法国学航空回来，杜又买了一架飞机送给孙桐岗。在当时，送人飞机还是很稀罕的事，所以这事一下子成为报纸上的头版新闻，杜月笙又风光了一把。他送给人的飞机，命名为“月文号”和“月辉号”，大概寓意自己翱翔九天、青云直上的意思吧？其他送人汽车、小老婆，更是平常事，不少党国要员在上海公馆里用的汽车都是他送的。还有许多在巡捕房工作的外国人，他也送汽车等物。

每次他要出去应酬，他的账房田洪元先把一叠庄票塞进他袋子里，外出饭毕照例要“打赏”给侍役、电梯司机、看门巡丁等。一班卸任的官员临走时，总要到杜处辞行。杜一听到“某某局长看你”，就从抽屉里抽出庄票，袖着去会客。多则万元，少则三、五千元，看来人的声望、地位与和他的情谊厚薄而定，杜对来人婉转其辞，作为程仪致送。这些人也受之不却，知道这是杜先生为人的做派。

虽然杜月笙到处送人钱财，但他自己倒不是为了拿人好处才去给人帮忙。他发迹之后，对自己的心腹说，别人送钱求你办事，都是事有紧急，表面上笑眉顺眼，千恩万谢，又有几个看着你把钱收进去不在肚子里骂你祖宗八代的？相反，为人家解了燃眉之急，分文不取，人家一定从心眼里对你感恩戴德，这人心可是多少黄金白银都买不来的。只要有了人心，还怕没有钱？看看杜月笙从帮助别人中得到的“好处”，不得不说，此种方式比起直接“要价”和坐地需索要高明不知多少。你帮一个忙，就开一次价，那总是“有价”，但你从不开价，则是“无价”之恩，而此种“无价之恩”是随时可以兑换为有价之财的。所以杜月笙的钱袋子，不是存在银行里，不是存在杜公馆里，是存在他千丝万缕、无所不在的人际关系、人情世界里。

所谓的“小杜城南尺五天”的声威，大都是来自于他有“春申门下三千客”。但“三千客”也是“食客”，是日日需要用钱喂养的。

▲84 海上三闻人合影，左为杜月笙，中为张啸林，右为黄金荣

▲85

▼86

图 85、86 为杜月笙着长衫，读书阅报的照片。当金钱和权力在拥，文化便成为不可缺少的点缀品，杜月笙虽然没有念过几天书，功成之后，却也穿上了长衫，摇起了羽扇，说起话来慢条斯理，透着一股斯文气。最重要的是，一手字倒也有模有样起来。据说杜月笙题字大多由杨千里代笔，但是至少看出，这位青帮大亨也显出好学之风了。

▲87

图 87 为 1930 年 10 月张学良与夫人于凤至在东北运动会上的照片，张学良落魄到上海的时候，杜月笙对其关照有加，还帮助张戒除烟毒。图 88 为个性张扬的国学大师章太炎，章太炎在杜月笙的笼络下，摇动笔杆，为杜氏家祠作了一篇《杜氏高桥祠堂记》，让杜月笙寻踪问祖有了根据，也说明了杜月笙结交各色人物的手段。图 89 为杜月笙心腹万墨林，万在孤岛时期坐镇上海，代替杜月笙调度杜氏资产，协助戴笠暗杀汉奸，日本人抓住他，严刑拷问，万没有放一丝口风，可见杜月笙用人之明。杜氏祠堂开祠时，张学良题赠匾额“好义家风”，真真是浓缩了饶汉祥那副对联：春申门下三千客；小杜城南尺五天。杜月笙结交的人虽然个性百出，但都算得上清末民国的精英人物，恐怕比“三千客”有过之而无不及。若要用一个词来概括杜先生的人际交往手段，那便是如他自题的那般——得心应手。

▲89

▼88

▲90

图 90、91 为恒社同人纪念牌。1932 年 11 月，杜月笙破除青帮的开香堂方式，成立恒社，广纳良才，恒社的入社资格比青帮更严，入社要经两人以上介绍，具有正当职业，因此恒社的大部分成员都是各行各业中的精英人物。

▲91

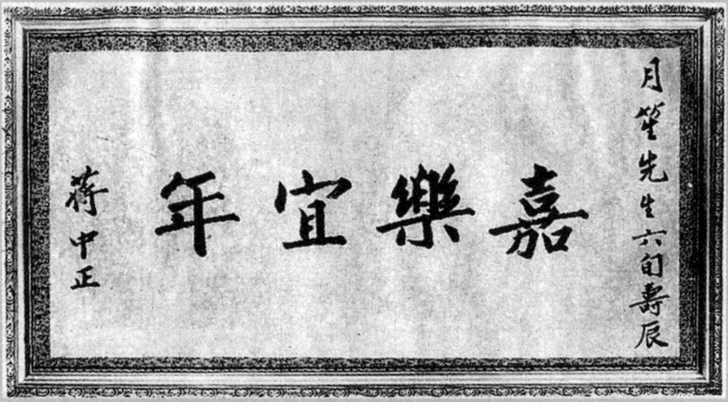

92►

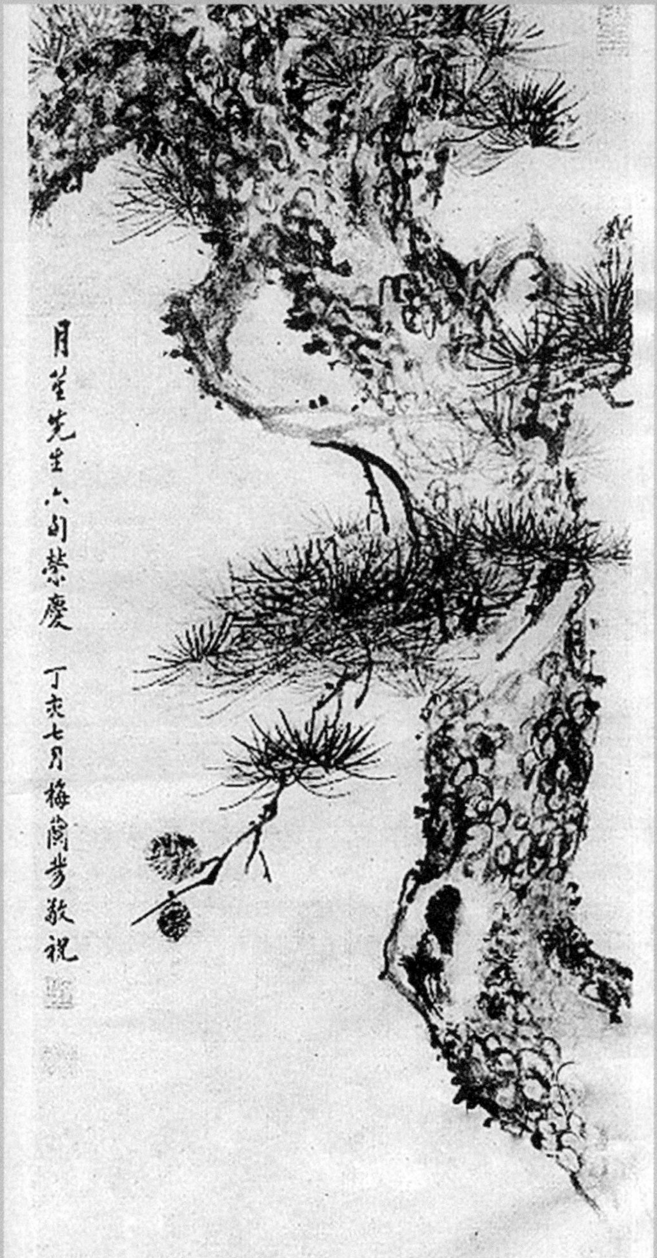

93►

▲94

图 92 为杜月笙六十大寿时，蒋介石赠送的祝寿匾额；图 93 为梅兰芳手绘，送给杜月笙祝寿作品，题款“月笙先生六旬荣庆 丁未七月梅兰芳敬祝”。图 94 为年届六十的杜月笙。1948 年，杜月笙 60 大寿，尽管此时国民党政府在大陆已是风雨飘摇，但是蒋委员长仍然给杜月笙送来了“嘉乐宜年”的匾额，这是对晚年杜月笙的嘉许，也意味着杜月笙的时代即将结束。

▲95

图 95 为孟小冬和杜月笙在香港补办婚礼时的照片。杜月笙和孟小冬的一段姻缘史是近代梨园和黑道，以及平民老百姓饭桌上都津津乐道的话题，孟小冬是在杜月笙四太太，同时也是孟的干姐姐姚玉兰的撮合下进入杜家的，1937 年孟小冬和杜月笙便已有夫妻之实，但是，中间几经波折，直到 1950 年，孟杜二人才在香港补办婚礼。

消逝的租界

第六部

第六部

消逝的租界

1931年，距巴富尔上尉登上黄浦滩将近一百年了。当年的巴富尔上尉，因其在亚洲对大英帝国殖民地开拓之功，最后成了巴富尔爵士和将军（General Sir George Balfour）。1894年，英国皇家地理协会的讣告说，他“对印度问题和军事财政问题尤其感兴趣”。

军事和财政，这是大英帝国大厦的两根支柱，它同样支撑着英国驻上海领事馆那一幢十九世纪殖民地风格的大厦，是所有其他帝国主义在华势力的奠基石，同样也是中国各色新旧军阀，甚至是蒋介石南京国民政府赖以立足的基点。试想如果蒋没有中央军，没有收买其他政治军事势力的财源，他如何能够经营中国统一的局面。经过了这么些年，统治中国的规则，其形式从袁世凯的“钱与刀”，“进化”为蒋介石的“钱与枪”了，但规则本身却不会进化，它永远成立。

杜月笙是明白这一规则的。他的势力是一个小的上海，小的中国，却是中国大的政治的投影：青帮是他的军队，烟赌以及金融、工商是他的财政。总有一天，所有这些塑造了杜月笙权力基座的东西，都会消逝，如同他吸啜惯了的那一支鸦片烟枪中飘出的袅袅尘雾，如同在上海滩续了一年又一年的外国租约，如同在黄浦江边停靠了百余年的外国军舰。

1949 年 4 月解放军横渡长江时炮轰穿行于长江、向解放军挑衅的英国军舰，重创其紫石英号，——1840 年以来英国军舰在中国内河任意航行的权力早在 1943 年就被废除了，但"日不落"帝国对这一缕迟来的帝国斜阳，是多么不情愿正视。正如英国和日本将恢复到其作为岛国所应该限定的正常地位一样，随着租界的消逝，杜月笙也将回到他的正常地位，只是，那不再是浦东高桥流浪的童年。

1. "强盗扮的书生"

上海的租界由公共租界（英美租界扩展而来）与法租界两部分组成。自开埠就被弃置于上海城墙之外的租界，一直在不间断地扩张，直到 1914 年，法国人还最后一次获得批准，扩大了法租界的面积。这是袁世凯为了要求法租界取缔其界内反袁的革命党而与法租界当局达成的交易。现在，租界面积从开埠之初的 0.56 平方公里，扩张至近 33 平方公里，其中三分之二属于公共租界，剩余的是法租界。19 世纪，洋人以中国物质匮乏和行政滞后、司法不公等种种理由，从清政府手中获得了一个个租界，以及租界内的种种特权，如领事裁判权、司法审判权等等。租界是西方帝国势力的象征，也是他们在东方统治的立足点。上海的两个租界既相互竞争又利益相关，但，恰如他们的本土统治原则一样，公共租界采用大不列颠的自由主义制度，法租界则奉行雅各宾派的传统，一边是商人寡头挖空心思维护自身利益，另一边则是专制官僚自称要为共和理想服务。相同的是，他们自立于中国统治权之外，高踞于中国人之上。

公共租界的管理机构为工部局（管理市政）和巡捕房（管理治安），工部局实际上是一个居民自治（根本上是外国富商）的统治机构，其权力并不受各国中央政府驻沪领事机构的监督，其权力属于纳税人会议（ratepayers meeting）。工部局设七名董事，每年由纳税人会议选举产生，具有市政府的所有职权，但不具有司法裁判权：租界内外国人的司法管辖权属于各自国家的领事机构，理论上租界内的中国人受清朝的司法管辖，但租界成立若干年后，清政府也失去了对租界内中国人的司法管辖权。租界内华人与外国人之间的官司由1864年成立的会审公廨审判。到二十世纪初，中国政府任命的上海道台已经无权批捕租界内的中国人，也不能要求将华人引渡给中国政府的司法机构。1911年以后，会审公廨完全置于外国人的控制之下——这是《苏报》案时章太炎可以和清廷叫板，而清廷不能将其“正法”的原因，也是1914年袁世凯同意扩展法租界的原因。

而法租界的管理机构，则是公董局和巡捕房。但不同于公共租界，法国驻沪总领事却对法租界的管理具有最高权力，因为法租界的行政，主要靠法国外交部划拨的有限的经费来维持，不同于公共租界的经费来自于纳税人会议交纳的税收。如果说公共租界地位类似于自由港，则法租界更像是一块受巴黎政府管辖的殖民飞地。由于人口与产业不如公共租界，法租界的税收比公共租界大为不如，只有靠对烟馆、赌场和妓院征税来增加收入。法国殖民当局的管理人员，上至领事、巡捕房总巡，下至警察和巡捕，都能从这些黑色与黄色产业中有丰润的收益。所以，毫不奇怪，法租界行政当局有意纵容这类买卖。

此种局面，正是黄金荣、杜月笙和张啸林能够在法租界发迹的原因，更是他们能够和法租界当局结成利益共生关系的原因。他们这种关系过于紧密与张扬，甚至危及到了法国政府的颜面，于是，从巴黎不时有解除法租界领事和总巡职务的命令发来，1924、1925 年两任巡捕房总监就相继被免职，因为他们“对租界内华捕参与赌博和烟土贩卖活动熟视无睹”。

这是外国的租界，但租界内却主要是华人，居民中的外国人始终未曾超过 5%。太平天国战争期间，上海法租界因为大量华人涌入，才开始兴盛起来。1910 年，上海法租界内华人超过 10 万，抗战前将近 50 万，孤岛时期更增加到 80 余万人。同时，华人商业区也从公馆马路经八仙桥，逐渐延伸到霞飞路东段。随着人口的剧增，租界的治安问题日益严重，而法租界的经费有限，他们无法靠有限的巡捕房警察达到维护租界当局权威的目的（这种权威是英法等国在远东影响力的核心），于是他们被迫寻找“合作者”——上海青帮。黄金荣、杜月笙等人因此成为租界的“暴力买办”，由他们决定租界内何时需要暴力，何时需要和平。法租界当局厌恶“三大闻人”，其程度正如他们离不开“三大闻人”。法国外交当局的秘密报告中承认，他们和青帮大亨们的合作——允许他们的烟赌娼生意并从中分润——是“和魔鬼的交易”。

黄金荣、杜月笙、张啸林这些闻人与大亨，并非法租界官员们统治租界的唯一合作者。和租界当局联系密切的另一批强有力的人物，是所谓的“绅董派”，其成员主要是华商名流，大都是从法国归来的留学生和天主教徒，其领头人物是朱志尧（1863–1955）和陆伯鸿（1875–1937），他们是上海商界的头面人物，产业遍及上海各领域，他们的天主教家族史甚至可以追溯到十七世纪。此外，如吴宗濂（曾任中国驻意大利公使）、陆崧候（曾任南京市市长）、朱炎（中法工业专门学校校长）、魏廷荣（中法银公司和大达银行的总经理，朱葆三的女婿）。1914 年，法租界公董局第一次任命的两名华人董事，理所当然都来自这个圈子，尽管开始时他们不能出席董事会，仅具有象征意义。他们才是租界里乃至整个中国真正的绅士，无论从出身、教养和经济、政治与文化影响力来看都是如此。

杜月笙自从离开黄金荣而自立门户之后，便极力注意避免树敌，但看不起他的人还是很多，尤其是这些以买办起家的“绅董派”工商巨子。他们有财也有势，对杜月笙这种十六铺起家的白相人是嗤之以鼻的。所以杜月笙起家的时候，就受到老一辈的买办富豪的压迫。这其中最使他怀恨的就是魏廷荣兄弟。魏是浙江帮，在上海的势力比杜形成得早，在法租界也是风云人物。当 1924 年江浙军阀混战时，不少散兵游勇窜到法租界来，租界治安大乱，于是魏廷荣发起创办“中华义勇团”，自任团长，协助维护租界治安，很得法国人赏识，以后还当过商会会长和法租界公董局华董。当杜崭露头角时，魏怕他将来与自己竞争，便处处压制他。1925 年 5 月上旬，上海的报刊上发表了一封致代理总领事梅理霭的公开信，呼吁总领事去制止那些计划在“一两天之内” 即将开业的鸦片烟馆，以确保“法国在上海的名誉和尊严”。此信当然并非无的放矢，恰恰相反，乃有备而来，它未揭破的，就是杜月笙等人正在成立的“三鑫公司”。虽然法租界当局还是和青帮大亨就鸦片走私达成了协议，绅董派却成功地迫使黄金荣提出了辞呈。黄金荣 1925 年提出辞去法租界巡捕房的职务，但此后法租界挽留，实际到 1927 年“四·一二”政变国共分家的时候，他还被称为督察长。1927 年他被任命为法租界顾问，享有提拔华捕的提名权，至此他才最终退出法租界巡捕房。不管如何，黄金荣在 1925 年开始走上了下坡路，此即 1925 年黄金荣“跌霸”的事。

这种较量，杜月笙当然有份。杜羽毛未丰时只能与绅董派虚与委蛇，忍气吞声。但到了杜月笙和国民党政权建立关系，在法国人那里也打通了关节的时候，他就要还以颜色了。他先是派人去绑架魏廷荣（这个事情，也有广为流传的说法是黄金荣干的，为的是前面提及的双荣夺美的事情，也就是魏廷荣抢走了吕美玉，不过，即使黄为主谋，杜肯定也会参与其中），未成，又组织人马暗杀，结果魏廷荣闻到风声，吓得避往外地，不敢在上海露面了。因为这时候杜月笙的势力，在法租界几乎可以为所欲为，即使法租界的领事亦不得不让其三分，何况一华董？但他这种行径无疑危及到法租界的威信，于是法租界当局反过来威胁杜月笙，如果再恐吓魏廷荣等绅董，则法租界将中止和杜月笙等人达成的鸦片走私协议。杜只好罢手。

以后杜月笙名声日大，才不再这样锋芒毕露，不敢做这样嚣张的事。用他对范绍增说的话来说：“衣食足，应当礼义兴了，不能再让人家一看到就讨厌害怕。”杜月笙在杨管北等人协助下夺得上海面粉交易所理事长的职位后，在一次商界聚会上，他对那一帮早先发迹的大富豪们也说得很诚恳：“我杜月笙原本是强盗扮的书生，所以人家都怕我，现在是蚯蟮（蚯蚓）修成了龙，在社会上有些地位了，以前做的那些事，有上不得台面的，以后再也不会做了。你们也不用怕我，以后有什么事体，请放心招呼我，我一定帮忙，总归愿和各位一起共事。”

这番话，并非客套话，更不是威胁，而是他真实心态的表露。现在的杜月笙，并不隐瞒原来那段做强盗的出身，但他也多么希望，自己能做一个真正的“书生”，并取得这些绅士的认可。他想成为真正的绅士。

2. 接管法租界

1927年年初，是中国大革命的顶峰，民族主义与阶级斗争，南京政府、武汉政府与北京政府，新军阀与旧军阀，国民党与共产党，这么多的力量与观念在你死我活地较量，上海也不能置身事外。

上海的租界大班们对于国民党的国民革命军和共产党二、三月份领导的上海华界工人武装起义，充满了来自本能的恐惧，他们现在发觉，在中国汹涌的民族主义浪潮面前，自身是陷入滔天巨浪的孤岛和岩礁，随时都可能面临灭顶之灾。在这种局面中，“绅董”们的绅士风度对法租界当局的“权威”与“安全”能起多大作用？绅董们现在要担忧的是，他们也成了将被打倒的阶级——“买办资产阶级”，一个新的称号。

绅董派的势力，其基础是他们与上海华商界的关系，更深远点说，是与原来控制江浙与上海的北洋军阀的关系（如傅筱庵这样的人就是背靠北洋军阀的），他们对中国政治舞台上的新生力量——来自南方的国民党与国民革命军感到如此陌生。于是，法租界当局解散了由绅董派组织的“中华义勇团”，其借口是他们“在外来捣乱事件”中不能提供有效的保护。要“保护”，他们只能找黄金荣与杜月笙了，因为他们和蒋介石集团的关系深远。法租界当局给杜月笙的人发放枪支武器，其中一部分就用在“四·一二”清洗中共的工人武装中，并且为他们的屠杀开放了租界的道路。作为回报，法租界对杜月笙的烟赌“事业”大开方便之门。

中国的“大革命”就像法国大革命一样，迎来了蒋介石的“热月政变”，上海在沸腾了几个月之后又安静了下来。但上海已经变了很多，它改变了它的气质，它的话题，和它的权力格局。租界并没有“变天”，租界仍然存在，但对于洋人大班们来说，租界的天空从此时时漂过来一团团愁云和惨雾。

1927年1月，法租界纳税华人会成立，这个组织宣称其目的是代表法租界里中国纳税人的利益。“无代表即不纳税”，英国的光荣革命、美国革命和法国大革命，不都是来自这样的要求吗？现在中国人从他们那里学到了这一观念，要在租界里付诸实行了。杜月笙无疑把握住了这一机会，从一开始，青帮三大闻人就控制了纳税华人会，他们是其筹委会的联合主席。1927年7月法租界当局提出提高纳税比例，纳税华人会借机提出了反要求：取消增加税率和由纳税华人会选举公董局里的华董。1928年1月，张啸林成为了公董局成员，18个月之后的1929年7月，杜月笙被任命为公董局华董。他们获得的席位，正是原来的绅董派陆崧侯和吴宗濂让出来的。这标志着杜月笙和绅董派势力的消长。1930年底，法国总领事柯格霖承认纳税华人会有权选举公董局华董，这成了青帮在法租界政治权力大厦揭顶的标志。现在杜月笙控制了法租界公董局，绅董派的领袖也要靠杜月笙的恩典才能保住他们公董局的席位。

法租界当局在杜月笙的权力要求面前节节退让，这不仅仅是因为大革命之后杜月笙利用南京国民政府“收回利权”的政策对租界产生的压力，更主要的是，杜月笙控制了法租界的工会组织。他通过调停法租界的罢工运动，通过在工会中广收门生，终于在1931年控制了法商电车公司工会——法电公司是法租界供水、供电与公共交通的垄断企业，法电工会的任何一次罢工都可能使整个法租界瘫痪。只要杜月笙控制了法电工会，那么法租界的法国人就不得不对杜月笙低声下气。

1930年6月18日到8月13日，法商电车公司部分工人在共产党人徐阿梅的领导下再一次罢工，这成了中法之间的外交事件，法租界总领事柯格霖和总巡费沃利以禁止杜月笙的烟赌生意为要挟，让杜月笙出面解决罢工。杜想尽了办法想和徐阿梅达成和解（包括送几万大洋给徐，提出收徐为门生等），均被徐拒绝。最后，杜的解决办法是他惯用的诡计：他串通法租界巡捕房中西警务人员搜查徐阿梅住处，在搜查时往徐的床底塞入一些预先印制好的共产党传单，然后以共产党嫌疑逮捕了徐。1931年9月6日徐被判处了十三年徒刑。这次法电工会罢工平息了，杜为此花销大约三十万大洋，但他从此取得了工会的控制权。

1931年年初，杜月笙对法租界公董局和工会的控制，以及他和法租界当局官员密切的个人关系，使得上海许多外国外交官员得出结论：是杜月笙的青帮，而不是法国当局，统治着法租界。这一年3月，英国总领事指出：青帮不仅完全控制了法租界事务，而且他们认为如果对自己有利的话，他们还会毁掉法国的行政机构。1931年7月，在上海的美国人办的报纸《密勒氏评论报》发表了一篇社论，认为青帮大亨实际上是法租界的真正主宰者，他们建立了一种“与艾尔·卡朋（Al Capone）在芝加哥实行的统治没有多大区别的超政府组织”。实际上，无论是公共租界还是法租界当局，都有人担心，杜月笙的势力已大到足以接管法租界。

3.“两个钟头内毁灭法租界”

1931 年 6 月 9 日，杜氏祠堂开祠，公共租界和法租界送来了全副武装的几百人巡警队维持秩序，各国领事盛装出席，这是对杜月笙力量的承认，或不得不承认。但也是在这一年，杜月笙的力量隐伏着危机。

这年年初，南京国民政府发起了“收回租界”的外交攻势，外国列强当然想尽了办法抵抗拖延。原来他们保持租界特权的一个理由，是中国人不能治理好自己的城市，现在这个理由越来越站不住脚了。自 1927 年以来，蒋介石的南京政府赋予了上海特别重要的地位，他想把这座影响巨大的都市经营成中国人管理的城市的典范，和中国国家现代化的橱窗，以表明中国有保障大型都市发展的能力，赋予收回外国租界恢复中国主权的要求以合法性。为此成立了“上海特别市政府”，其实际的治区，除了原有的华界以外，还扩大到周围广大的乡村地区，而其宣称的治区，则将外国租界也纳入进来了，这是表示不承认外国租界的合法性，或者表明中国政府对租界拥有无可置疑的主权。上海特别市政府一成立，果然气象一新，其市政、警政与经济社会发展都让人侧目（尽管后来它仍然被杜月笙的黑帮势力渗透），这对被特别市包围的租界是巨大无形的压力。

1931 年 2 月，英国总领事白利南向法国总领事柯格霖施加压力，要求其取缔法租界内的赌博业（此前英国已经很识趣地自行取缔了这些产业），因为租界的烟赌娼已经成了南京政府攻击外国在华租界特权的有力理由，英法租界面临着共同的困境。这种压力当然会转移到杜月笙这里，杜月笙的应对之“策”，则是一方面以策动法租界罢工，来反制法租界当局，使当局不敢贸然全部取缔，另一方面是和华界接洽，将烟赌转移至华界地区。但他和法租界的冲突仍然存在，这在接下来的一年里爆发出来，使杜月笙喊出了“两个钟头内毁灭法租界”的狠话。这种冲突，并不完全由法租界取缔烟赌业而来。

1931 年，中国东北在“九·一八”事变中沦陷于日本人之手。一手策划“九·一八”事变的日本军队为了转移国际社会对东北事变的注意力，又挑起了 1931 年上海的“一·二八”事变。三十年代的日本，如同从海中爬出的巨大的横行的螃蟹，一只钳子攫向中国东北、华北，另一只钳子时刻都盯着上海。日本已经看到南京的统治日益巩固，中国正在迅速复兴，一个统一强大的中国，是它最不愿意面对的。但此时的中国，却还没有做好对日决战的准备。

“九·一八”事变时，蒋介石正在前往南京“剿共”的军舰上，而当时孙科等人在广东又成立了一个“国民政府”，“攘外必先安内”之策，并非无的放矢。十六年过去了，袁世凯面对“二十一条”时的困境，现在摆在了蒋介石的面前。和袁世凯的选择一样，他决定忍辱求和，以图再起。1936 年 9 月 26 日蒋介石在日记中说：“三年之内，倭寇不能灭亡中国，则我何患其强迫，但此时尚不可不隐忍耳。”这一点他在三年前，即 1933 年 7 月 14 日的日记中说得更明白：“以和日掩护外交，以交通掩护军事，以实业掩护经济，以教育掩护国防，韬光养晦乃为国家唯一自处之道乎。”

他想争取时间，这就决定了中国对于“一·二八”事变不会主动扩大其事态。

“一·二八”事变是上海开埠近百年来第一次真正直面一场战争，战争主要在华界的闸北展开。战争开始后，日本发觉根本无法一举击垮中国军队，在换了好几位司令官又被迫不断增兵后，居然打成了和局。于是日本军方和驻沪领事寻求谈判，他们最初找的谈判对象，居然是杜月笙，因为他们深知杜在上海有巨大的影响力，且和南京的政治高层关系密切。

战争进行期间，日本军队攻击中国军队，始终以公共租界为基地出发和撤退，对此，公共租界当局不置一词，但当中国军队攻击逃入公共租界的日军时，租界当局却出来抗议了。在战况陷入胶着时，日军情急之下要求通过法租界向中国军队进攻，并且已经将不少部队化装散进了法租界。杜月笙得到这一消息，马上诘问法国总领事柯格霖，要求其召集各国驻沪总领事开会讨论，制止日军利用法租界进攻华界。这次会议，上海特别市政府秘书长俞鸿钧（后曾任上海市长）亲自出席，杜月笙则以法租界华董和纳税华人会会长的身份出席。会上日本总领事村井苍松以蛮横的态度为日军的行为辩护，甚至动用威胁的手段，各国领事大都沉默以对，不敢得罪日本。

据章君谷的《杜月笙传》说，会议气氛非常紧张，最后杜月笙拍着桌子朝这些总领事们大吼道：“好！东洋兵尽可以开进租界、住租界、利用租界打中国人。你们尽管通过这个议案，不过，我杜月笙要说一句话：只要议案通过，我请日本军队尽量的开来，外国朋友一个也不要走！我杜月笙要在两个钟头以内，将租界全部毁灭！大家一道死在这里！”成名后的杜月笙，从未如此张扬狠厉。这话使得各国总领事目瞪口呆，在他们还没有回过神来时，杜月笙一个转身，大踏步走出会场。当天开会的领事团虽没有做出明确的决议，最终，日本军队却不敢再利用租界，已经进入法租界的军队在夜里悄悄撤退了。

这一次会议，如同上年的杜祠典礼一样，杜月笙展示了他在上海滩令人战栗的势力，所不同的是，上一次他出于虚荣，而这一次是出于民族大义，上一次他笼络那些洋大人们，而这一次他威胁他们。法租界当局深刻地体会到这种威胁对于他们权威和利益的侵害。1932 年 3 月 7 日，原来和杜关系极为密切的总领事柯格霖（1931 年底刚升为总领事）被法国政府调任，接替他的是原天津总领事梅理霭。原总巡费沃利同时去职。5 月，在发给巴黎的一封快信中，梅理霭说：原先充当法国当局“驯服工具”的杜月笙的帮伙，为了其自身的利益，现在已经变得桀骜不驯，企图接管法租界的行政，想通过协议或凭借实力，取代法租界的法国当局。他们既恼怒杜月笙以罢工来胁持租界当局，以维护其烟赌利益，也不无对杜月笙以毁灭租界来威胁他们的仇恨。只是，这些法国人眼中看到的只是杜月笙的“利益”，却不知道或不肯承认，“杜先生”也不只是和他们谈利益，他也会向这帮帝国主义分子讲民族大义！

在柯格霖最后一个月任期内，在巨大的政治压力下，不得不要求杜辞去公董局的职务，这其中肯定有杜月笙因“一·二八”事变的处置而威胁法租界当局的因素。1932 年 2 月 15 日，杜提交了他的辞职信，信中说：除了他本人不想担任公董局董事外，“我在金融界和商界、上海市民维持会的工作，不允许我再致力于公董局的工作”。四天后，他的辞呈被接受了。但这只是在表面上，实际上看看法租界公董局历届董事名单，就可以发现，虽然杜月笙退出了，但张啸林却自三十年代开始，一直稳坐着公董局董事的位子，而杜、张是合二为一的关系。

新上任的总领事梅理霭看来有心好好整治一下法租界的青帮势力了。有人说他原来在上海任领事期间，离任时在送行问题上和杜有过节。他带来了一位新的总巡法伯尔中校。这倒是一位“耿直清廉”的警官（据曾任法租界巡捕房政治处的特级督察长薛耕莘的回忆），他下车伊始就给了杜月笙一个下马威。杜月笙向来认为世上没有人不能被收买，之所以收买不了是你的价钱出得不够，于是在法伯尔上任不久通过留法的华董、也是杜月笙重要谋士的张翼枢，送给法伯尔一份见面礼——一副由二百两黄金打造的、碗碟盆杯匙筷一应俱全的金台面。不料法伯尔见此却勃然大怒，他不但拒不接收，反而要求杜月笙在《新闻报》、《申报》上写“检讨书”，说明他送此厚礼的目的，否则他誓将杜月笙赶出法租界，以儆效尤。杜月笙碰了这个铁硬的大钉子，心中好不恼恨。杜月笙如果照办，那不用法伯尔赶他，他自己就无法在法租界立足了，所以当然抗命，他和法伯尔的关系就此僵着，而法伯尔决不退让。这时候杜月笙开动了他的工会组织，授意发动法电工会罢工（理由却是上年徐阿梅的罢工没有实现的要求）。1932 年 7 月 7 日到 14 日的这次罢工给了法伯尔“一点颜色”看看，结果，在徐耕莘的疏通下，以杜月笙私下写一封中文八行书的悔过书给法伯尔，同时结束罢工为条件，法伯尔不再坚持公开登报。

虽然杜月笙这次大丢面子，但法租界当局却也再一次验证了他们离不开杜月笙。梅理霭在给法国外交部的信中，也不得不承认他们必须同杜保持良好的关系。1935 年 1 月，梅理霭卸任回法国，杜月笙照样是座上宾。

只要租界还存在，杜月笙的势力就会存在，尤其是法租界现在越来越重视他和南京政府的关系。但南京是不需要租界的，这是国民政府脸上一块块丑陋的伤疤。

收回租界的要求，在1919年的巴黎和会上已正式提出。二十年代初，中国首先收回了俄国、德国、奥地利、比利时在华特权（俄德奥三帝国在第一次世界大战中解体了，比利时则太弱小）；国民革命军北伐期间，收回了汉口、九江等地的租界；二十年代末至三十年代初，南京国民政府争取到了关税自主权，取消了外人的领事裁判权。其中一些因抗日战争爆发而中断的谈判，在1943年获得解决。因为日本此时已经占据了租界，英法两国落得做个顺水人情，大陆的所有租界都被收回，唯一的例外是英国占据香港不放手。谈判签订新约时，丘吉尔放言，中国想收回香港，除非从我的尸体上踏过去！自然，当中国收回香港时，丘吉尔连尸首都已不存了。

不过，当上海的租界归于消灭时，杜月笙的势力也就一落千丈了。

◀96

图 96 为法租界公馆马路图；97 为法国人绘制的租界地图。租界是上海崛起的关键，是杜月笙驰骋的战场，也是杜月笙谢幕的舞台。几块租界中，与杜月笙、黄金荣关系最密切的便是紧挨上海老县城的法租界，这里演绎着他们真正的人生。

▲97

▲98
公共租界工部局董事合影

99►
昔日的工部局大厦
正门今貌

▲100

1880 年代上海租界自来水塔老照片

▼101 公共租界的印度巡捕，上海人称之为“红头阿三”

▲102

图 100 为 1880 年代上海租界自来水塔老照片。这是上海的第一座水塔，位于今江西中路北头靠近苏州河，1883 年时英商在杨树浦开办了上海第一家自来水厂；图 102 为公共租界总巡捕房对“华捕”的训练。

从客观上来说，租界对于上海的社会发展起了很多的促进作用，上海的许多公共事业都是在租界中先兴起并发展成熟的，第一支消防队，第一个博物馆，第一家电影院……但是，租界作为殖民主义在中国的象征，其退出历史舞台是不可避免的，而杜月笙赖以生存和发展的环境一旦消失，就意味着他们的历史也将结束。

从 1843 年开埠，到 1943 年改订新约，收回租界，租界在中国的历史发展中发挥了重要作用，扮演着外部世界刺激中国的一个传输点，也是中国了解世界的窗口。当中国逐渐了解世界，当世界逐渐进入中国，租界就只剩下据点的作用了，而作为一个民族主义觉醒的国度，中国人是不会让这样的据点长久存在的。

◄103

▼104

图 103 为 1943 年永安公司橱窗前，上海市民在关注汪伪政权发布的收回租界的消息；图 104 为 1945 年 11 月，上海。美军军人经过上海市市长题写的胜利门奠基纪念的石碑，这条街过去属于英租界，以前叫爱德华七世大道，二战后中华民国政府收回了除了香港、澳门以外的所有的租界，并去殖民地化将爱德华七世大道改名为中正路；图 105 为 1943 年上海汪伪政权发行的收回上海租界纪念邮票，邮票显示上海租界和原来的华界合而为一，统称上海市区。

第二次世界大战，中国是亚洲的主战场，为了与中国建立更密切的反法西斯合作同盟，同时，因为 1941 年 12 月，日军占领了公共租界，欧美各国决定接受中国提出的改订新约的要求，陆续交还除香港、澳门之外的租界。1943 年 2 月 23 日，法国维希政府宣布，同意放弃在华租界。当时，统治天津、汉口和广州的汪精卫伪政权宣布收回三地的法租界。7 月 30 日，汪精卫伪政权收回最为重要的上海法租界，改称第八区。8 月 1 日，又宣布收回上海公共租界。

1942 年 10 月 9 日，美国政府和英国政府采取同一步调，分别通知中国驻美、驻英大使馆，表示愿意废除在华领事裁判权及其他有关特权。经过三个月的谈判，中美（以及中英）就废除不平等条约和改订新约问题，达成协议。

1943 年 1 月 11 日，《中美关于取消美国在华治外法权及处理有关问题条约与换文》（通常简称“中美平等新约”）在华盛顿签字，同年 5 月 20 日互换批准书生效。1943年1月11日，中英签订新约，英国放弃了除香港以外的领事裁判权、使馆界及驻兵区域、租界、特别法庭、外籍引水人、军舰行驶、英籍海关总税务司、沿海贸易与内河航行等特权。租界的消逝，意味着杜月笙赖以生存的栖息地的消逝，杜月笙，再也做不回以前的杜月笙了。

▲105

外白渡桥变迁史

◀106

◀107

◀108

图 106 为 1873 年 8 月建成的花园桥；图 107 为 1908 年时的外白渡桥；图 108 为 1907 年建成的钢架桥；图 109 为今天的外白渡桥。

外白渡桥是苏州河上的标志性建筑，也是上海的地标之一，这座桥几经演变，中间的故事曲折回环，桥名从花园桥到摆渡桥到白渡桥，再到外白渡桥，勾连着租界与华界的恩怨，贯串起中国和外国的感情冲突。虽然租界消逝了，但是这座桥仍然承载着中国人对那个时代的回忆。

▼109

▲110

1948 年蒋经国“打虎”时期上海的反奸商游行

▲111

▲112

图 111 为蒋介石的儿子蒋经国；图 112 为杜月笙的儿子杜维屏。

租界收回了，抗战胜利了，蒋经国也来上海“打虎”了。蒋经国打虎打到杜月笙儿子杜维屏头上，算是老杜家最“跌霸”的一件事了，此时的杜月笙已近衰朽残年，失去依附了几十年的租界，杜月笙要想重返之前的辉煌，已经不可能了。更何况，在“打虎“事件上，黄金荣已经和杜月笙彻底分裂了，逮捕杜维屏就是黄金荣儿媳李志清在饭桌上撺掇蒋经国做的。经由“打虎”一遭，杜月笙与南京的党国要人们也已经彻底掰了，杜月笙虽然通过孔令侃事件，扳回了面子，但是也与孔祥熙家族彻底分裂，更让老蒋和他之间的裂隙急速扩大，再也回不到 1931 年的亲密了，虽然那块“孝思不匮”的牌匾仍然挂在杜氏家祠中。

尾声

尾声

告别上海滩

上海的租界消逝了，南京的国民政府倒台了，杜月笙权力基础的两大柱石不复存在了。上海将是一个全新的模样。上海滩的舞台上，杜月笙落魄过，流浪过，委屈过，风光过，黑过，也白过，旧上海所有的场面，他都经历过，所有的面目，他都见识过，现在，终于轮到他来谢幕了。

1949 年上海易手之前，杜月笙仓皇离开上海。这仍然是一种政治考虑。当时蒋介石一再邀请他去台湾，而共产党则透过不同的渠道告诉他，既往不咎，希望他留在上海。

杜月笙的决策是，上海不留，台湾也不去，先往香港避一避，看看风向再说。但他通过中间人向共产党保证，他留在上海的门徒，绝对不会搞破坏“新上海”的事情。其实杜月笙还有一个秘密，他身边最为亲近的人也未必知道，那就是杜月笙长年和中共地下党的人有接触，甚至还保护、帮助过不少地下党人。他所操控的报纸，在国共内战正酣的时候，甚至冒着被查封的危险，登载了几条“新华社”的“反动消息”。即使他最后分派跟随他多年的手下人出路时，他还按照黄炎培（民盟的领袖，和共产党关系非常密切）的意思安排了人去台湾，而将自己最得力的、功劳最大的手下留在大陆。这其中也许有一些现今犹未可知的秘密。他又在布局经营了，但他抱定主意，“小心行得万年船”，不敢留在上海孤注一掷。而他的老搭档黄金荣，现在已经八十高龄，再也不想跑路了。

上海解放初期，黄金荣蛰居在家，深居简出，不问外事，似乎从公众视线中消失了。他开始一两年倒还是过了一段逍遥日子，因为一来他已八十岁了，算是半死老虎一只，而解放初期百废待举，人民政府要处理的事千头万绪，还轮不到来专门“照顾”他。二来，黄金荣毕竟还是一个有影响力的标志人物，从维护稳定以及保持统战的用意和策略出发，也不应急于拿他来弄得一些正在看风向的势力人心惶惶。

但到了1951年初，伴随着朝鲜战争而来的镇压反革命运动开始后，出于社会改造的目的和新的保持稳定的策略，黄金荣所代表的那些势力，就没有任何利用价值了，于是黄金荣的日子开始屈指可数了。首先，门口时不时有大批群众高呼口号，要求批斗这位大恶霸。一封封控诉信、检举信，如雪片般飞进市政府和公安机关，恳请政府做主，为民报仇。继而于1951年5月20日，上海《新闻报》、《文汇报》刊出了《黄金荣自白书》，在“自白书”中，他自称“自首改过”、“将功赎罪”、“请求政府和人民饶恕”云云，说的自然是他自己都不认识的一套“新话”。以八十老翁的衰朽残年，上海滩风光一世的黄金荣最后一次“跌霸”。

此时在香港的杜月笙正在“读”香港《大公报》转载的“黄金荣自白书”。杜身体衰弱。所谓“读”，就是由管家万墨林念给他听。

连听两遍，杜月笙长长舒了口气，显得若有所思，轻声说：“我懂了，我懂了！”

他悟到了什么？

秘密也许就在黄金荣自白书的行文之中。据现在的资料披露，黄金荣写自白书时，不止一稿。初稿与第二稿原件如今都存在上海市档案馆，但察其内容却有较大出入。第一稿中，黄金荣在坦白自己一生罪过时，将杜月笙牵连进来，对其揭批甚为卖力，有点落水求伴的意思。当时主管政法工作的副市长潘汉年看了，却将此稿退回，责令黄重写，结果第二稿中，里面却找不到杜月笙的名字了。

这自然是出于统战的策略：现在，黄金荣是猫爪下的老鼠，而杜月笙却是天上的风筝，要收他回来，就不能将手里的线剪断了，而公然揭批，自然是逆道而行，等于将大陆政府现在鞭长莫及的杜月笙推到台湾海峡那一边，精明如潘汉年者，当然“不取也”。

杜月笙混了一辈子江湖，当然明白此中深意。自此以后，他一再拒绝了蒋介石邀他去台，而时时萌动回大陆的念头，临终之际，仍叮嘱其家人，要将自己葬回上海浦东故乡。但等不到落叶归根，他就已经殒命异乡，还死在了黄金荣的前面——黄金荣是1953年发热病倒而不治身亡的，杜月笙则是1951年因哮喘病逝于香港。

而在他的家乡，旧上海也一并消逝了。军阀，赌场，烟枪，工潮，小报，青帮，印度和安南招来的巡捕，法国和英国不招自来的军舰，欧洲来的传教士，日本窜过来的浪人，俄国流亡来的艺术家，所有这些旧上海的世间万象，在短短的几年时间里，都如海市蜃楼一般消逝了。黄浦江的朦胧雾色中，现在浮现的是高耸入云的大厦，闪光耀眼的玻璃幕墙。

没有了杜月笙的上海，黄浦江依然在流淌，上海滩依然在一日日生长，长成更胜往昔的繁华模样。至于上海滩的洋人们，我得说，上海是和他们相干的，即使化为灰烬，它也仍会流淌在他们的记忆里，只要他曾在旧上海流连。英国人回来了，只是再不能够坐在外滩那座宏大典雅的文艺复兴风格的房子里了。这座 1873 年建成的英国领事馆，多少年来都是上海的一张别致名片，现在它成了上海外滩建筑群中最古老的一座，唯一的十九世纪的建筑物。

美国人，法国人，日本人，俄国人，犹太人，这些人都回来了。杜月笙却没有回来。他的灵柩后来移往台湾，葬在了汐止，隔着一条海峡，和他当年演绎龙虎风云的上海滩，朝夕相对。

台北的汐止和上海的浦东，看地图，隔得那么近，看历史，却隔得那么久远。

▲113

▲114

◀115

杜月笙的残年

图113为1949年5月，战争阴影笼罩的上海，繁华的马路被高炮机枪阵地占领。图114为解放前一年上海街头绘有好莱坞明星Lana Turner的广告牌，一年后，这里将面目全非，而这些好莱坞的明星，要到好几十年之后才能重回这片土地；图115为晚年杜月笙。

战争是改造世界最强有力的武器，它让世界改换面貌，让低地隆起为高原，高山沉入海底。杜月笙、黄金荣、张啸林们曾经是上海的无冕之王，曾经在这里呼风唤雨，但是一场内战，改变了这一切，他们即将沉入历史的黑暗，各人的辉煌也不过如同黄浦江东去的浊水，将泥沙沉淀在三角洲肥沃的土地上，只留给后人一段捉摸不定的回忆。

◀116

◀117

图116为1949年5月，从上海虹口5号码头离沪的天主教嬷嬷们乘坐威尔逊总统号告别中国，船舷上的她们不忍抬头，看一看曾经服务过的这片土地。图117为踩着高跷，抬着毛主席画像，迎接解放军进城，迎接上海解放的游行者。

离开与到来，历史总在不停地上演类似的故事，1843年，英国人到来，法国人到来，美国人到来，日本人到来，中国人离开，1927年国民党到来，共产党离开，1949年，共产党到来，国民党离开，美国人离开，英国人离开，法国人离开，杜月笙离开。此去无归路矣。

▲118

▼119

图 118 为杜墓墓园墓碑及挽额；图 119 为杜墓界碑。上海解放之后，杜月笙举家迁往香港，最终客死香港，杜死后，其四太太姚玉兰将灵柩移往台湾，葬于台北县汐止秀峰。墓墙之上有蒋中正题“义节秉昭”、张群题“誉闻永彰”金色挽额，在吃尽苦头，也享尽荣华的一生之后，得此评价，也不枉杜月笙当初费尽心机，倾尽家财结纳党国的白手套们了。

▲120

▼121

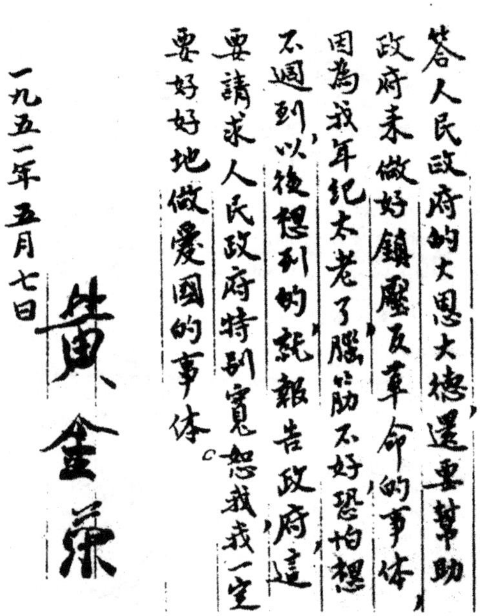

答人民政府的大恩大德，還要幫助
政府來做好鎮壓反革命的事体，
因為我年紀太老了腦筋不好恐怕想
不週到，以後想到的就報告政府，這
要請求人民政府特別寬恕我，我一定
要好好地做愛國的事体。
一九五一年五月七日 黄金荣

图 120 为 1951 年黄金荣在大世界门口接受监督劳动；图 121 为黄金荣的“自白书”（局部）；图 122 为 1953 年黄金荣死后入棺的场景；图 123 为黄金荣的墓地。

曾经，在黄家花园内，得意非凡的黄金荣给蒋介石写了一幅条幅：中正弟子惠存 光宗耀祖 黄金荣。现在，没有人知道黄金荣去世之前的想法，如若他还记得这条幅，不知道做何感想，曾经的繁华已如流云散去，谈什么光宗耀祖，好似一场外滩沉浮的梦境而已。黄金荣选择留在上海，是割舍不掉他对这座城市的眷恋，还是对曾经的荣华无法释怀，葬在如此简陋的墓地里，在喜欢排场奢华的黄金荣看来，恐怕也不是一个安居之所吧。

▲122

▼123

后记

这书已经伴我走过了十年的时光。

2002 年，应一位出版人之邀，写五个人物的图文版小传，作为一个设想宏大的出版计划的试水之作。因为种种变故，这一计划未能实现，仅留下了五部粗疏的书稿，分别写了五个似乎毫无联系的人物：袁世凯、杜月笙、章太炎、张謇和张勋。当时的篇幅，是每部五万字左右，如果单独出版，不成体统，合成一书，又毫无统系，至此终于体会到鸡肋的滋味。

2005 年，同学好友张昊琦君偶然看到我电脑中的存稿，不无感喟地说，可惜了一番功夫，何不发到网上，也听个水响？于是，他热心地在天涯网的“煮酒论史”版帮我陆续连载了两部“民国人物小传”，这就是现在的网络上依然可以看到的“帝国骄雄袁世凯”和“杜月笙的 1931”。

其间在网上互动往还，以文会友，有些朋友仍保持着联系，他们的鼓励和帮助让我至今感念不已。我不确定他们是否愿意自己的名字出现在我的致谢辞中（我想，这或许是一种打扰），但我定会永志不忘。网上连载后的数年间，也有一些出版人联系纸质出版的事，只是由于自己的种种考虑和疏怠，终于未能付诸实行，辜负了一些朋友的厚爱，甚至自己还有背信弃义之举，至今犹觉抱愧已极。

最初写作的时候，并不知道会写成一本什么样的书。惟心中有一愿望，希望它“好读”。为此，拒绝了章节体，也刻意避免通常写人物传记时的那种线性叙事结构。在材料上，采用了一些野史轶闻，想必难符史家严谨之规，于评说时，也免不了私心揣度，定有妄作解人之处。书中有些自己对历史情境、事件和人物的看法，也吸纳了不少严肃学者的观点（未能一一注明），但无论就其表达形式还是就其发掘深度而言，它当然绝非什么值得一顾的学术著作。然而，我也从未设想它是“历史小说”，或是“戏说历史”的新路数。

十年之前，写作之初，对这些人物实在谈不上有多少了解。是在看那些一手材料（主要是笔记史料和回忆录）的时候，才渐渐于心中浮现出一个个鲜活的、有别于一般史学专著和人物传记的人物形象，他们的音容笑貌和言谈举止宛在眼前，他们所处的境地和遭逢的际遇，也如影像一般在我眼前一幕幕展开，甚至他们心中所想，我也设身处地揣想一番，然后再参以学者的著述和解读，加以认知和体会。如果说“神游古今”，这也算吧。在我来说，这是一个滴涓入味的学习过程，也是一番情随事迁的人生体验：十年来，心境、认识甚至文风都改变了很多，这些书稿当然也在一点点变化其内容、风格和色彩，其篇幅也渐渐增扩至将近十万字了。

坊间每有关于这些人物的新论述和新材料出来，都不免稍为留心，但不管我如何弥漏补罅，限于功底和格局，这些文字终究不能焕然一新，解读人物时的底色，仍然是当年读史时“凭空”拟想到的名利、权位和心机的铺陈，而援引史实时的错讹，也可能一仍其旧。如果让我重新写过，我再也不会简单从这些角度去理解他们了。写作时阅读参考过的著作中，最让我感佩的是骆宝善先生的《骆宝善评点袁世凯函牍》一书。先生对袁世凯相关材料的掌握之丰，对其人其事的了解之透，至今恐怕无出其右者，而先生文采斐然，不愠不火，不燥不腻，读来亲切有味，感人至深，这正是我心向往之而不能至的境界，有时甚至想：有了他的书，我又何必再献丑来写袁世凯呢？有心的读者不难看出，我书中有些令人深思的细节和对人和事的看法，其实源自骆先生的大著，而我自知，骆先生的著述足当名山事业，故宁愿我这书稿速朽，以免贻羞。据闻骆先生主编的《袁世凯全集》将于近期出版，则于研究者和读书人而言又是一番莫大的功德，衷心翘首企盼之至。沪上名报人徐铸成先生的《杜月笙正传》也是我写作、修改这些文字时常翻阅参考的名著，其中个别细节和故事，我当做一手史料，几乎无所更改地融入书中，因此间种种情境，唯有凭徐先生亲历亲闻之资、借其如神如绘之笔，方能再现其精彩。写杜月笙时，《旧上海的帮会》和澳大利亚学者布赖恩·马丁的《上海青帮》等专著和回忆录是最主要的参考资料。此外尤须提及的是张建伟先生的系列著作，他的《大清王朝的最后变革》当年在《中国青年报》连载时，我还是一高中生，站在学校读报亭中追着看完，激动不已，惊叹历史竟然还可以这样写！及至自己来写袁世凯时，在写作手法和对材料的理解上，自然还是受着他的影响。其余参考的种种史料和著述，惠我良多，因年深日久，当时不学，亦无随手作注的严谨习惯，或采或撷，难以尽述其渊源，无以致谢，有愧于心，而无补救之策，在此祈请众位方家和读者诸君包涵。

虽有种种佳作在前，令我有黄鹤楼头之叹，然而还是不畏东施效颦之讥，出版这几篇人物小传，非为博名——我恐赚得的是骂名，而是为一些盛情所感。有几位好友知道我写过这几个人物，常常催问何时出版，而我往往只能支吾以对，还有一位远隔天涯素未谋面的朋友，“责”我至今悄无声息，有负他当年期许，种种厚望，我无以为报。另外，对于书中这些人物，遥想多年，竟至有了一些感情和感想，其中间或有他人未道之处，想一吐为快。我自信这书的写法和一般的人物传记有所不同，这也许是这些文字，还值得化为油墨清香的一点点理由。

好友陈平对这书稿“视如己出”，不辞其烦地配上了丰富的图片，并撰写了精彩的图注。尤其是陈平先生还帮我订正了一些错误，免我贻笑，没有他的付出，此书将失色不少，在此表示由衷的感谢。

其实，最应该感谢的是我的博士导师张鸣教授。2007年他得悉此稿有望出版，乃欣然作长序，而我迁延失误，竟至遗失先生之文，今次先生不以为意，再赐一序。为这芜陋文字，两次劳动先生费墨，想来亦是一桩空前绝后的奇闻和笑谈。此事在我固然失礼之极，且有不尽的汗颜和感激之情，而于先生，适足以彰显他提携后进的大德，和古名士之风。老师的厚爱褒奖，我实在愧不敢当，而说无教于我，则无论如何不能同意，因为，倘无十余年来的知遇和耳提面命，则绝无今日之我，为人为学皆是如此。老师向有赏“芝兰玉树”之怀，而我至今仅有莽草之质，每念及此，心中内疚，难以言述。忐忑之中，惟望读者诸君不致因失望于此书而苛责恩师的溢美之词，否则我真是玷辱师门了。

2012年12月修改于北京